U0775320

职业教育教材·铁道交通类
铁道机车、车辆类专业精品教材
行业紧缺人才、关键岗位从业人员培训推荐教材

机车乘务作业实训手册

主　编　吕娜玺
副主编　罗利锦　杨文明
主　审　和秋礼

北京交通大学出版社
·北　京·

内 容 简 介

本书依据教育部新颁布的高等职业学校专业教学标准进行编写，并根据认知规律，结合内容体系，按工作手册、活页式的编排方式进行体例设计，以利于教学效果的提升。本书共八个实训任务，分别为出勤作业，接车及库内作业，出段与挂车作业，发车作业，途中运行作业，终到、入库及退勤作业，一次乘务作业，非正常行车。本书系统全面，实用性强，适合作为高等职业院校、中等职业学校铁道机车专业的教材，也可供相关工程技术人员参考。

图书在版编目（CIP）数据

机车乘务作业实训手册 / 吕娜玺主编. —北京：北京交通大学出版社，2020. 6
ISBN 978 - 7 - 5121 - 4203 - 9

Ⅰ. ①机… Ⅱ. ①吕… Ⅲ. ①电力机车 - 乘务人员 - 工作 - 手册 Ⅳ. ①U264 - 62

中国版本图书馆 CIP 数据核字（2020）第 083621 号

机车乘务作业实训手册
JICHE CHENGWU ZUOYE SHIXUN SHOUCE

策划编辑：刘 辉 责任编辑：刘 辉
出版发行：北京交通大学出版社 电话：010 - 51686414 http：//www. bjtup. com. cn
地 址：北京市海淀区高梁桥斜街 44 号 邮编：100044
印 刷 者：艺堂印刷（天津）有限公司
经 销：全国新华书店
开 本：185 mm × 260 mm 印张：13 字数：321 千字
版 印 次：2020 年 6 月第 1 版 2020 年 6 月第 1 次印刷
印 数：1 ~ 3 000 册 定价：68. 00 元

本书如有质量问题，请向北京交通大学出版社质监组反映。对您的意见和批评，我们表示欢迎和感谢。
投诉电话：010 - 51686043，51686008；传真：010 - 62225406；E-mail：press@ bjtu. edu. cn。

前　　言

本书依据教育部新颁布的高等职业学校专业教学标准进行编写，具有以下特点。

（1）本书根据学习认知规律，结合课程的知识和技能体系，按工作手册、活页式的编排方式进行内容和体例设计，以利于教学效果的提升。

（2）本书根据职业教育改革精神，由院校教师与企业技术专家联合编写，是一本校企“双元”合作教材。

本书共八个实训任务，分别为出勤作业，接车及库内作业，出段与挂车作业，发车作业，途中运行作业，终到、入库及退勤作业，一次乘务作业，非正常行车。本书系统全面，实用性强，适合作为高等职业院校、中等职业学校铁道机车专业的教材，也可供相关工程技术人员参考。

本书由和秋礼（中国铁路北京局集团有限公司北京机务段）担任主审，吕娜玺（天津铁道职业技术学院）担任主编，罗利锦（天津铁道职业技术学院）、杨文明（天津铁道职业技术学院）担任副主编。本书编写分工如下：实训任务一由吕娜玺、王凤安（中国铁路北京局集团有限公司天津机务段）编写；实训任务二由罗利锦、吕娜玺编写；实训任务三和实训任务四由金环（天津铁道职业技术学院）、杨文明编写；实训任务五和实训任务六由杨文明、罗利锦编写；实训任务七由李元元（天津铁道职业技术学院）、林桂清（天津铁道职业技术学院）编写；实训任务八由王凤安、杨文明编写。

由于编者水平有限，本书难免存在不足之处，恳请广大读者批评、指正，反馈本书意见、建议，索取相关教学资源，请与出版社编辑刘辉联系（cbslh@jg.bjtu.edu.cn；QQ39116920）。

编　者

2020.5

目　录

实训任务一

出勤作业

实训任务简介

机车乘务员出勤作业是机车乘务员一次乘务作业的起点，也是关键作业环节之一。如果机车乘务员出勤时没有进行标准化作业，就会导致机车乘务作业在最开始的阶段就已经存在风险点。如果不对这种情况进行有效的“卡控”，将很难保证列车运行的安全。

出勤时，机车乘务员要按规定时间待乘，以饱满的精神状态投入机车乘务作业中去；绝对禁止饮酒（对于酒精测试不合格的人员，要立即终止其工作）；要认真核对运行揭示，做到逐字核对、不错不漏；要按规定验卡，验卡条目准确；遇有施工明示图时，要按照规定进行施工模拟开车，保证人人过关；要认真听取出勤调度员传达的行车通报及重要事项；要开好小组出勤会，根据天、地、人、车等情况，排查本次乘务作业的安全风险点，并制订好“卡控”措施。

实训目的

- 能判断出勤人员是否满足出勤条件。
- 能根据班制计算乘务时间。
- 能看懂机车交路图。
- 能正确核对施工命令。
- 能按标准完成出勤工作。

实训任务

1. 按规定着装，口述机车乘务员待乘叫班制度。
2. 进行指纹核对、酒精测试、检查证件等操作，同步口述操作内容。
3. 核对运行揭示的内容，验卡，进行模拟开车演练，同步口述操作内容。
4. 开好小组会，依据本次乘务作业的特点，确定安全风险控制项点并制订卡控措施，同步口述操作内容。
5. 如有疑问及时记录并向出勤调度员反馈信息。

实训预备知识

一、机车乘务员基本管理制度

（一）基本要求

机车乘务员必须具备下列基本条件。

（1）符合岗位标准要求，司机须取得中华人民共和国铁路机车车辆驾驶证。

（2）爱岗敬业，胜任本职工作。

（3）身体条件符合国家对铁路机车车辆驾驶人员职业健康标准的要求。

（4）具备中专及中专以上学历，具有良好的汉字读写能力并能够熟练运用普通话进行交流。

符合（2）~（4）项要求的人员，在机务段进行乘务学习满半年（或乘务公里满 3 万公里），经中国铁路各局集团有限公司（简称铁路局）组织考核合格，颁发铁路岗位培训合格证后，方可担当副司机工作。年龄 35 岁及 35 岁以下的在职或入职副司机，应在三年内达到机车乘务员学历标准。

（二）人员管理

（1）铁路局应依据运输生产实际和铁路发展需要，科学核定机车乘务员定员，合理设置预备率，原则上预备率按 12% 安排，可根据实际需要适当提高，但一般不超过 16%。铁路局年度新增人员计划，要对机车乘务员人数实行计划单列。

开展机车乘务员百趟安全竞赛活动，充分调动机车乘务员严格执行作业标准的积极性。

（2）机车司机要做到遵章守纪、爱护机车、平稳操纵、安全正点；认真执行一次乘务作业标准，做到“彻底瞭望、确认信号、准确呼唤、手比眼看”；努力学习技术业务知识，不断提高操纵技术和应急处置能力，高质量地完成运输任务。机车副司机的主要职责是在司机的领导下，认真执行一次乘务作业标准。

达到一定年龄的副司机，若参加国家司机晋升考试不合格或无故不参加本单位安排的国家司机晋升考试，原则上调整出机车运用岗位。

（3）铁路局要加强机车乘务员管理，严格控制其从事非机车乘务工作，原则上机车乘务员从事非乘务工作及非在岗人数不超过机车乘务员总数的 2%。机车乘务员转岗的，应结合岗位变化及时做好改职工作。机务段每月将机车乘务员相关情况报铁路局，铁路局每季度进行汇总上报中国国家铁路集团有限公司（简称国铁集团）。

（三）机车司机岗位等级

（1）机车司机岗位等级分为一、二级。

①一级司机：担任司机职务不少于五年，在审定前连续三年以上无责任铁路交通事故，技术业务考试达到铁路局制订的一级机车司机的标准。

②二级司机：未达到一级司机标准的为二级司机。

获得省部级及省部级以上劳动模范、先进生产者、技术能手荣誉称号或火车头奖章，或取得技师、高级技师职业资格的司机，可由机务段提出申请，经铁路局批准，直接晋升为一级机车司机。

（2）机车司机等级晋升，应结合年度作业标准化鉴定进行，原则上每年一次，由机务段报请铁路局审定。

（3）铁路局级单位命名的劳动模范、先进生产者、技术能手，由所在机务段提出申请，经铁路局批准，可提前参加司机岗位等级的审定。获技术能手称号的，可免予参加所获称号项目的实作考试。

（四）技术培训

（1）机务段职工教育科应配齐职工教育专职人员，建立、健全培训教学制度。职工教育专职人员，要经常深入运输生产一线，开展调查研究，掌握相关情况，有针对性地开展业务教育工作。

（2）机务段负责制订机车乘务员培训计划，并组织实施。培训内容要适应运输和安全生产的需要，结合新技术、新规章、新装备，重点突出非正常情况下的行车安全和应急故障处理。机务段应根据使用的机型，配备相应的机车模拟教学设备及实训设施。

机务段要经常组织岗位练功活动，举行各种形式的技术竞赛，定期选拔技术能手，做到学用结合，力求实效，不断提高职工的技术业务素质。

（3）机务段应加强对机车乘务员的安全教育，重点突出安全生产中存在的问题及典型事故案例，强化机车乘务员规章教育，增强安全意识，提高执行规章制度的自觉性。

（4）机车乘务员使用机车类型发生变化时，机务段须对机车乘务员进行理论和实作的专门培训。

（五）安全考核

（1）机务段应加强机车乘务员日常管理，定期组织安全管理人员，对机车乘务员进行动态分析，根据分析结果落实责任制，采取预防、帮教、提高等措施，实行机车乘务员队伍动态控制，实现行车、人身安全有序、可控。

（2）机务段每半年组织一次机车乘务员规章考试，成绩突出的，应给予表彰奖励，不合格的进行补考，对经补考仍不合格的人员进行脱产培训，经考试合格后，方准上岗。

（3）实行机车乘务员违章、违纪年度“12 分”管理制度。铁路局机务处负责制订实施办法，并监督机务段组织实施；机务段建立机车乘务员违章、违纪管理档案，当机车乘务员年内扣分累计达到 12 分时，停止其担当乘务工作，经培训考试合格后，方准上岗。

（4）铁路局机务处每年组织对机车乘务员进行作业标准化鉴定。

（六）休息和工作时间标准

1. 机车乘务员休息和工作时间

（1）一次乘务作业工作时间标准（出勤到退勤全部工作时间，下同）。

①机车司机、副司机配班值乘：客运列车不超过 8 h，货运列车不超过 10 h。

②机车单班单司机值乘时间标准由铁路局制订。

③机车双班单司机值乘：客运列车按旅行时间不超过 15 h 加出退勤工作时间，货运列车旅行时间不超过 16 h 加出退勤工作时间。

（2）机车乘务员休息时间应符合下列要求。

①外部公寓调休时间不得少于 5 h（其时间的计算为到达公寓签到休息至叫班时止，以下同）；在外部公寓驻班休息时间不得少于 10 h；轮乘制外部公寓换班继乘休息时间不得少于 6 h。具体休息时间标准由铁路局在编制列车运行图时公布，并不得随意变更。

②在本段（或本车间）休息时间应根据月工作时间定额均衡安排，时间不得少于 16 h。

③实行轮乘制的机车乘务员每月应安排 1 ~ 2 次不少于 48 ~ 72 h 的休息时间。

（3）机车乘务员随货物列车或无卧铺客运列车便乘时间计算为工作时间，但不计算为一次乘务作业工作时间；乘卧铺的便乘时间不计算工作时间。

（4）编制列车运行图须依据机车乘务员一次乘务作业工作时间标准；有关部门要提高日（班）计划编制质量，各工种调度之间要加强联系，严格落实“一派一核一叫”制度，实现精确叫班，不得以日（班）计划作为叫班计划，叫班前应认真了解机车、列车位置和编组情况；列车调度员要按图组织行车，不得随意更改乘务交路、中途折返，应优先放行机车乘务员接近超劳的列车，防止机车乘务员超劳。

2. 机车乘务员超劳情况及其分析

机车乘务员超劳情况及其分析要纳入铁路局月度安全例会讨论议题。机务段要建立超劳预警制度，均衡机班月劳时；铁路局根据各机务段任务量、乘务员结构和运输变化规律，均衡安排和合理调整各机务段的工作量。铁路局对发生超劳 4 h 以上的列车要重点分析，并加强考核和追责。

（七）司机报单的规定

司机报单（机统3）是统计机车、车辆运用成绩和机车电量消耗情况，考核机车乘务员工作的原始单据；是编制各种机车统计报表的主要依据。

司机报单由铁路局统一编号分发各机务段使用，机务段应建立保管、交接和检查核对制度，并指定专人负责保管。

机车乘务员必须按规定认真、如实地填写司机报单，做到字迹清楚、内容完整、数字准确。若更改了数字，更改处应盖章证明，严禁错填虚报，确保司机报单的正确、洁净、完整，防止其滥用和丢失。

机车调度员负责司机报单的日常发放、收回和登记工作，对司机执乘完毕交回的司机报单，认真审核无误后，在右上角签字及时移交给统计室；对未能及时交回的司机报单，要及时追回。机务折返段应建立交接制度，确保司机报单及时向所属机务段统计室寄送。

司机报单上的机车所属局、段名，机车型号、车号，年、月、日，乘务员姓名及出勤时分等信息应由机车调度员填记。出勤时分按机车乘务员规定出勤时分填记，如晚于规定，填记实际出勤时分。由机车调度员填记接车及交车时分，按实际交接时分填记。

1. “机车出入段时分”的填写

此项由站、段分界点值班员填记机车实际到达站段分界点的时分。如乘务员在车站换班时，由司机在本项内注明“站线换班”字样。机车在设有机务段的地点未入段折返时，由司机在本项内注明“未入段”字样。

2. “机车领取油脂”的填写

此项由油库发油人员填写，油脂数量以 kg 为单位，保留两位小数，第三位小数四舍五入。

3. “补机重联和有动力附挂机车”的填写

挂有重联及补机机车时，由司机填写重联及补机型号，以及自某站至某站和机车所属段。

4. “列车运行及编组情况”的填写

此项由司机根据列车实际运行情况及车站交给的列车编组通知单或列车编组顺序表填记，包括车次，站名，到达时分，出发时分，停车时分，机外停车时分，早点、晚点及其原因，区间公里，牵引重量（总重、载重），客车辆数（合计、其中加挂、担当企业），货车辆数（重车、空车、非运用车、其中代客），其他，合计，记事。补机、重联和有动力附挂机车，应填写机车型号、区间公里、机车所属段、工作种别。

专用调车机车的司机报单应由车站指定专人负责填写。其调车与停留时分应与车站技术作业图表记载一致。

段调机车司机报单由担任段调的司机负责按担当的工作分别填写其起讫时间。

二、机车乘务员待乘叫班规定

（一）待乘

（1）机车乘务员出乘前必须保证充足的睡眠，严禁饮酒。担当夜间乘务工作的机车乘务员（包括作业点机车转线人员），必须严格执行国铁集团、铁路局制订的班前待乘休息制度，卧床休息时间不少于4 h。

（2）待乘人员要按规定时间到待乘室（外部公寓到值班人员处）通过指纹签到待乘，并办理相关登记手续。

（3）待乘人员签到后，必须立即到指定房间卧床休息，待乘期间严禁做与待乘无关的事或离开待乘室，乘务员携带的音视频设备（如手机、平板电脑、电子书等）做到统一集中管理。

（4）机车乘务员待乘休息不足4 h的，不得出乘。

（二）乘务员叫班及出勤时间规定

在机务段（异地）段内、继乘站接班时，出勤时间执行机车乘务员出发工作时间标准，叫班方式及时间由各机务段根据居住地、行车公寓的远近做出具体规定。

（三）出勤

（1）出勤机班必须按规定着装，佩戴胸牌，携带工作证、驾驶证、铁路岗位培训合格证和有关规章制度材料。

（2）机班全员到出勤调度员处报到，接受指纹影像识别，酒精含量测试，执行规定的出勤用语。相关出勤用语如下。

司机："司机××、副司机（或随乘司机）××，现在出勤，请指示"。

出勤调度员："请按压指纹、测酒"，出勤机班人员分别按压指纹、进行酒精测试，出勤调度员要确认计算机指纹输入及影像对比正确，酒精测试准确。若发生饮酒、酗酒情况，必须通知车间值班人员进行复测，确认饮酒、酗酒必须立即停止其工作。

（3）机班全员酒精测试正常后，按规定领取司机报单、司机手册、添乘指导簿、车机联控信息卡和担当区段的交付揭示等行车资料和备品（值乘客车的还须领取担当车次的列车时刻表）。司机将IC卡交出勤调度员，出勤调度员按规定正确写卡。机班按照"四核对四反馈"制度进行运行揭示的核对和验卡。

（4）出勤机班听取出勤调度员传达有关行车安全注意事项。

（5）召开出勤小组会。出勤机班根据担当列车种类、天气情况及运行揭示等相关内容，制订行车安全注意事项，并摘录于司机手册。司机手册上须逐一填写担当本次任务区段规定的车站站名（客车为营业站），对应位置填写施工慢行限速值，涉及绿色许可证、特定引导、路票等非正常行车时，记事栏填写“绿证”“特定”“路票”等字样。

(6) 出勤调度员对司机手册填写、小组会制订措施情况进行检查，司机手册未按规定填写、小组会内容没有针对性的，不得办理出勤手续。

出勤条件完备后，出勤调度员须在司机手册上签章，并在司机手册“运行注意事项”栏内与交付揭示上加盖骑缝印章，在交付揭示的规定位置填写揭示交付时间、车次、机车型号（货物列车由乘务员填写车次、机车型号），出勤司机应在交付揭示、机车乘务员出退勤签到簿上分别签章。

出勤调度员在交付揭示空白处或背面盖“上车验卡”专用章。“上车验卡”专用章分为客、货两种，出勤调度员、机车乘务员按要求在“上车验卡”专用章内填写相关内容。

(7) 安装远程写卡设备的调车作业点，调车机班接班前须使用固定电话与所属车间派班室报到，按照“指纹校验—测酒—写卡—打印揭示—核对运行揭示—准许出勤—听取派班员指示—出勤小组会”程序作业，在得到派班室出勤调度员准许出勤的信息反馈后完成出勤；核对运行揭示时，若有问题应立即反馈。退勤时使用远程写卡系统对本次值乘的监控数据进行转储上传。

未安装远程写卡设备的调车机（小运转机车）不能在机务派班室出勤时，运行揭示和作业有关事项的传达办法由机务段规定。

(8) 担当重点、特殊列车牵引任务或有必要时，司机与列车调度员联系，了解担当本次列车的特殊要求，做到心中有数，做好预想、预防工作。

学习笔记

三、机车交路与乘务制

（一）机车交路

铁路机车牵引列车基本上是按区段接续进行的。机车固定担当运输任务的周转（往返）区段称机车交路，又称机车牵引区段。

图 1－1 为机车交路示意图。从机务段到折返段间的距离 L_1、L_2、L_3，即为交路长度。图中 *A*、*D* 为机务段所在站，*B*、*C* 为折返段所在站。

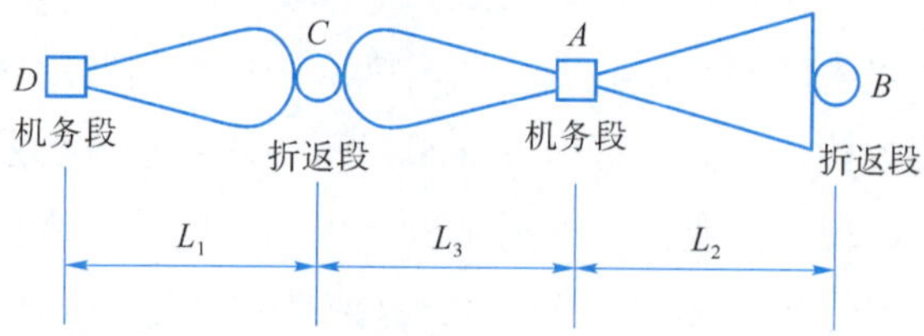

图 1－1　机车交路示意图

一个机务段担当机车交路的数量，根据机务段在路网中的位置及运输任务可为一个或几个。在图 1－1 中，*B*、*C* 为机务段 *A* 的折返段，所以说 *A* 机务段担当二个机车交路。显而易见，机务段担当的交路数多，交路长则对减少铁路建设投资和铁路运输费用及提高机车运用效率是非常有益的，但是确定机车交路是一个比较复杂的工作，必须同时考虑现有线路情况、牵引动力的种类、机型，编组站的分布及分工，行车组织的特点及货流方向，沿线的自然条件和生活条件等因素。

机车交路按用途分为客运机车交路和货运机车交路；按区段长度不同分为一般机车交路和长交路；按机车运转制分为循环运转制、半循环运转制、肩回式和环形小运转制交路等。

机车交路长度与机车乘务员连续作业时间关系密切，一般情况下，在规定的一次连续作业时间标准内（客运机车为 8 h，货运机车为 10 h），一班乘务员能够完成一个往返交路区段作业的机车交路为短交路；一班乘务员只能完成一个单程交路区段作业的机车交路为长交路；两班及两班以上乘务员才能完成单程交路区段作业的机车交路为超长交路。

（二）机车运转制

机车在交路上从事列车牵引作业的方式称为机车运转制。它是组织机车运用、确定机车整备设备布置，决定机车全周转时间并影响铁路运输工作效率的重要因素。机车运转制可分为：肩回、循环、半循环、环形、循回运转制度。为了提高机车运用效率，应广泛采用循环或半循环运转制。

1. 肩回运转制

机车由本段出发，从本段所在站牵引列车到折返段所在站，进入折返段进行整备及检查作业，然后牵引列车回本段所在站，再进入本段进行整备及检查作业。机务本段担当两个方向相反的机车交路的，称为双肩回运转制。双肩回运转制示意图如图 1－2 所示。

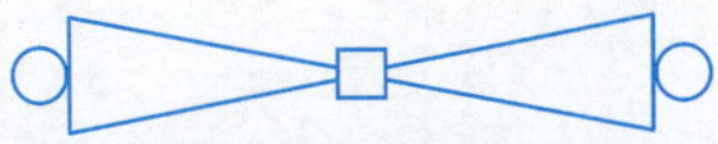

图 1－2　双肩回运转制示意图

在这种情况下，机车一般只在一个牵引区段内往返一次，就要进入本段一次。

2. 循环运转制

如图 1－3（a）所示，机车从本段所在站出发，在一个牵引区段（如甲—乙间）上往返牵引列车后回到本段所在站（甲站），机车不入段，仍继续牵引同一车列或换挂另一列已准备好的车列，运行到另一牵引区段（如甲—丙间）的折返段所在站（丙站），再从丙站牵引列车返回乙站。这样，机车在两个牵引区段上牵引列车循环运行，平时不进本段，直到机车需要进行检修时才入本段，这种方式叫全循环运转制。图 1－3（b）是另一种循环运转制示意图，此种循环运转制是机车乘务员在折返段进行调休的循环运转制。

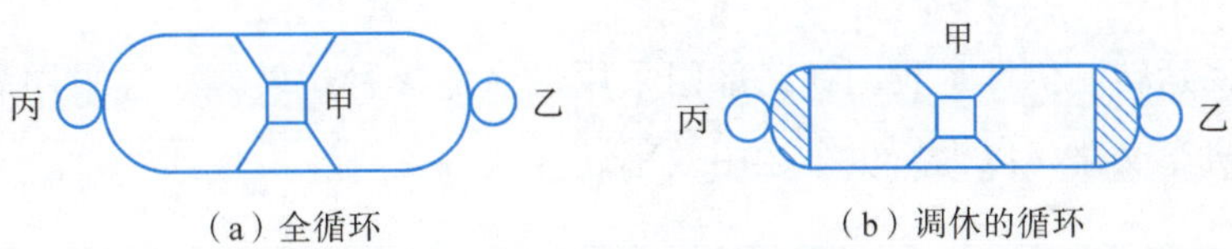

图 1－3　循环运转制示意图

循环运转制的优点是：机车运用效率较高，能够加速机车的周转，并减轻车站咽喉的负担。其的缺点是：占用到发线时间较长，站内要设整备设备，对机车质量要求较高。

3. 半循环运转制

如图 1－4 所示，如果机车牵引列车在两个牵引区段上周转循环一次就入本段进行一次整备、检查，就叫半循环运转制。

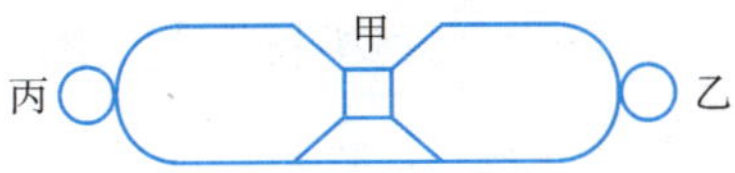

图 1－4　半循环运转制示意图

4. 环形运转制

如图 1－5 所示，机车出段后，在一个或几个方向担当若干次往返作业后，机车辅修或小、中修时，或者机车需要整备作业时，机车才入本段进行整备作业，这种交路适用于近郊列车、通勤列车、环形列车或小运转列车。

图 1-5 环形运转制示意图

5. 循回运转制

机车牵引列车运行于一个方向相当于两个交路或两个以上交路区段后，返回机务本段入库整备作业一次，这种交路叫作循回运转制，循回运转制的实质仍然是肩回运转制。循回运转制示意图如图 1-6 所示。机车从本段出库，在甲站牵引列车向乙站运行，列车运行到乙站时，机车不摘钩，机车乘务员换班继续牵引列车向丙站运行，列车到达丙站后，机车摘钩进入折返段进行整备作业。然后机车再牵引反方向列车经乙站回到本段所在站甲站。机车到达甲站后摘钩进入本段整备。

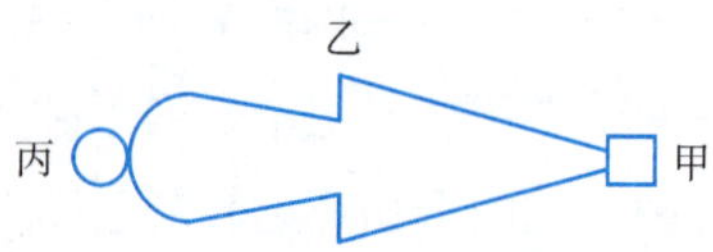

图 1-6 循回运转制示意图

目前，肩回运转制仍然是我国铁路部门采用最多的一种运转制。在采用肩回运转制时，可以尽量延长机车交路，以提高机车运用效率。

（三）机车乘务制度

机车乘务制度是机车乘务员使用机车的制度。分为包乘制、轮乘制和轮包结合制。

内燃、电力机车适用于长交路、轮乘制和轮包结合制。为了发挥内燃、电力机车的优势，提高运输能力和运输效率，内燃、电力机车应有计划地逐步实行长交路、轮乘制和轮包结合制。

1. 包乘制

实行包乘制时，将一台机车分配给固定的几个机车乘务组，这几个机车乘务组称为机车的包乘组。实行包乘制的机车，每台机车设司机长一人。机车包乘组在司机长领导下，负责所包机车的运用、安全、保养、整备、验收、保管、交接等工作，以保证质量良好地完成运输生产任务。也就是说机车包乘组负有对所包机车的包用、包养、包管等全部责任。包乘制中还有跨段对包的形式，机车采用长交路，两个段的乘务组对包机车。

包乘制的特点如下。

（1）加强了机车乘务员对机车保养的责任心，有利于机车的保养工作，保证机车经常处于良好的技术状态，能质量良好地投入运用。

（2）机车乘务员熟悉所包机车的性能特点，有利于钻研和施展操纵技术。

（3）为机车的运用管理工作提供了方便的条件。

中华人民共和国成立以来，包乘制取得了显著的成果，但是，因为机车的利用程度受到包乘组工作时间的限制，机车有时需在段内长时间停留，以保证机车乘务员有足够的休息时间，这样就造成机车的生产时间不能充分利用，因而降低了机车的运用效率。

2. 轮乘制

近年来，随着牵引动力的改革，在内燃、电力机车整备作业量少，运行距离长的条件下，我国逐步实行了轮乘制和轮包结合制。

实行轮乘制度，机车不分配给固定的机车乘务组，而是将机务段全体机车乘务员和全部机车统一组织，集中使用，按照“歇人不歇车”的循环轮乘管理体制，由许多机车乘务组轮流使用全部机车。由于机车和乘务组之间没有固定关系，机车工作时间的利用不受机车乘务组的牵制，所以能更为合理和高效地使用人力和机车。

轮包结合乘务制度是轮乘制的另一种形式，它综合了包乘制和轮乘制的优点，更有利于发挥长交路的优势，弥补轮乘制保养工作不易落实、机车技术状态较差的缺陷。采用轮包结合乘务制度的方法一般是本段出发为包乘机班，外段折返为轮乘机班。

我国电力机车的机车乘务制度大多采用轮乘制。在轮乘制中由于实行中途轮班，循环轮乘，歇人不歇车的接力运转方式和机车乘务组采取顺序出乘，便于适当安排其休息时间，所以，机车运用效率大大提高。调查资料表明，实行轮乘制较包乘制可节约机车1/7左右，并使乘务员的劳动生产率提高25%～30%。如果和电力机车适于长交路运行的特点结合起来看，轮乘制是一种优越、技术指标高、经济效果明显，有发展前途的机车乘务制度。

轮乘制同包乘制比较有突出的优越性，具体表现如下。

（1）便于合理掌握机车乘务员的作息时间，实行长交路运行，提高乘务员的劳动生产率。

（2）机车运用不受机车乘务组作息时间的限制，可以缩短非生产停留时间，提高机车运用效率。

（3）减少了机车出入库的次数及等待列车的时间，缩短了途中停留时间，加快了机车周转，减少了运用机车台数。

（4）减少了直通列车摘挂机车次数，缩短了中途站停时间，提高了旅行速度，加快了车辆周转，提高了线路通过能力。

（5）减少了沿线机务设备及区段站的设置，可以少占农田，节省基本建设投资。

（6）有利于实行专业化集中修，提高机车检修质量，降低检修成本。

（四）乘务组的换班

机车乘务组换班出乘，担当机车作业的方法称为乘务组的出乘方式，又称机车乘务组的乘务方式。

乘务方式根据交路长度和乘务组连续工作时间标准，一般分为 6 种。

1. 驻班制

采用驻班制乘务方式时，在折返段预先派驻若干个机车乘务组，当本段机车乘务组执乘牵引列车到达折返段休息时，由折返段驻班机车乘务组接车，牵引列车返回本段。如此轮流执乘，轮流在折返段休息。

驻班制乘务方式适用于行车密度大的较长交路。其可以提高机车运用效率，但是乘务员经常在外段驻班，生活和学习条件不够正常。驻班制示意图如图 1－7 所示。

图 1－7 驻班制示意图

2. 调休制

一个机车乘务组由机务段出乘，担当机车作业到达折返段后不换班，由于乘务组往返执乘连续工作时间超过规定时间，乘务员需要在折返段公寓调休 4～6 h（不包括退勤时间），机车也随之在折返段停留等待，然后原班原车返回机务段。调休制示意图如图 1－8 所示。

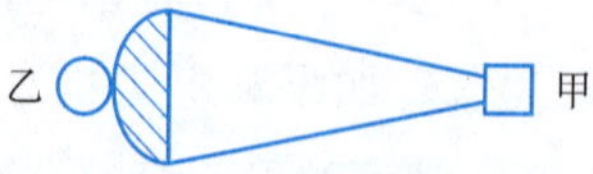

图 1－8 调休制示意图

调休制乘务方式适用于行车密度小的较长交路。其主要缺点是机车运用效率低，乘务员有一部分时间在外段休息。

3. 立即折返制

一个机车乘务组由机务段出乘担当机车作业，到达折返段不换班，而是接运最早的列车返回机务段，再退勤休息。这种乘务方式称为立即折返制，立即折返制示意图如图 1－9 所示。

图 1－9 立即折返制示意图

立即折返制乘务方式适用于行车密度大的短交路。其优点是乘务员在家中休息的时间较长，也有利于其参加段内组织的活动和业务学习，便于机务段对乘务员的组织管理工作，机车运用效率也比较高。

4. 中途驻班制

一个机车乘务组由机务段出乘，担当机车作业到达中途整备点后退勤休息，由预先派驻在中途整备点的机车乘务组接乘到达折返段后，原班原车牵引其他列车立即折返回中途整备点退勤休息，而后再由中途整备点已经休息了的机车乘务组执乘返回机务段，中途驻班制示意图如图 1－10 所示。

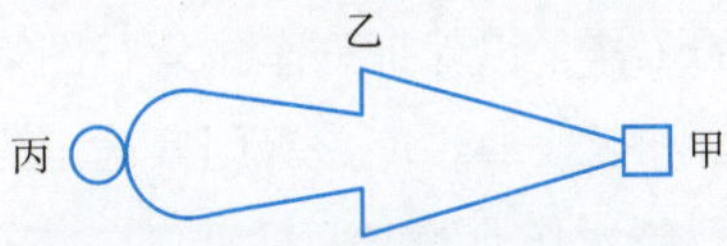

图 1－10　中途驻班制示意图

中途驻班制的优点是机车交路长，一般相当于一个长交路与一个短交路距离之和，机车运用效率高，但驻班在中途整备点的乘务员长期离开机务段，因此须在中途换班地设置乘务员公寓或家属宿舍。

5. 两处驻班制

采用两处驻班制时，机务段预先在中途整备点和折返段均派驻若干个机车乘务组。一个机车乘务组由机务段出乘，担当机车到达中途整备点后退勤休息，由驻班机车乘务组接乘担当机车作业，继续运行到折返段，也退勤休息。然后折返段驻班机车乘务组担当机车作业，牵引列车返回中途整备点退勤休息，再由中途整备点驻班机车乘务组接乘返回机务段。两处驻班制乘务方式一般适用于超长交路，相当于两个长交路距离之和，机车运用效率高，两处驻班制示意图如图 1－11 所示。

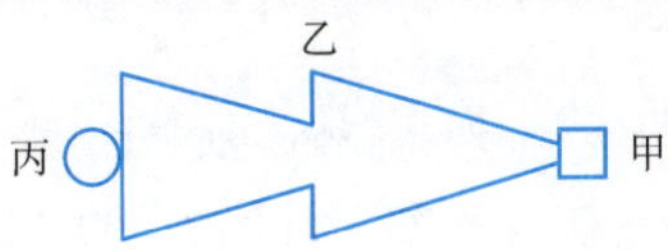

图 1－11　两处驻班制示意图

6. 随乘制

采用随乘制时，机车后面挂一辆宿营车，机车乘务组均随机车出乘。先由一班机车乘务组担当机车作业，其余机车乘务组在宿营车上休息。经过一定时间后，在适当的停车站换班执乘。

随乘制机车运用效率很高，工作比较灵活，机车交路可以长距离延伸，但是乘务员休息条件最差。该乘务方式适用于流动性和临时性运转需求。

四、列车运行图与机车周转图

（一）列车运行图

1. 列车运行图的作用

列车运行图是铁路行车组织工作的基础，所有与列车运行有关的铁路各部门，必须按列车运行图的要求，组织本部门的工作，以保证列车按运行图运行。

列车运行图应根据客货运量和区段通过能力等因素确定列车对数，并符合下列要求。

（1）列车运行、车站间隔、技术作业等时间标准。

（2）迅速、便利地运输旅客和货物。

（3）充分利用通过能力，经济合理地运用机车车辆和安排施工、维修天窗。

（4）做好列车运行线与车流的结合。

（5）各站、各区段间的协调和均衡。

（6）合理安排乘务人员作息时间。

2. 列车运行图的要素

（1）列车区间运行时分。

（2）列车在中间站的停站时间。

（3）机车在基本段和折返段所在站的停留时间标准。

（4）列车在技术站、客运站和货运站的技术作业过程及其主要作业时间标准。

（5）车站间隔时间。

（6）追踪列车间隔时间。

3. 列车运行图的识别

列车运行图是运用坐标原理来表示列车在区间运行，在各站到、发、通过时刻和停车时分的一种图解形式，列车运行图示例（局部）如图 1－12 所示。

在列车运行图中，采用站名线、时分线和运行线三线表示法。在列车运行坐标图上，横坐标表示时间（t），纵坐标表示距离（L），并用水平线代表各个车站的中心线位置，斜线表示列车运行线，上斜线代表上行列车，下斜线代表下行列车（向北京运行的方向为上行方向，车次为双数；反之为下行方向，车次为单数）。斜线的斜度表示列车的运行速度，斜度越大，则列车运行速度越高。

列车运行图时间坐标等分成 24 格，代表一昼夜 24 h。铁路行车时刻以北京时间为标准，以每日 18 点整至次日 18 点整为“一昼夜”时间范围。垂直线为时间线，较粗的线表示小时，细线表示若干分钟，虚线表示 0.5 h。纵坐标按照一个区段内各个站间距离的比例划分成若干水平线即为各站分界点的中心线，大站用粗线表示，小站用细线表示。水平线与水平线间隔表示站间距离。斜线与水平线的交点表示列车在每个车站的出发、通过或到达的时刻。

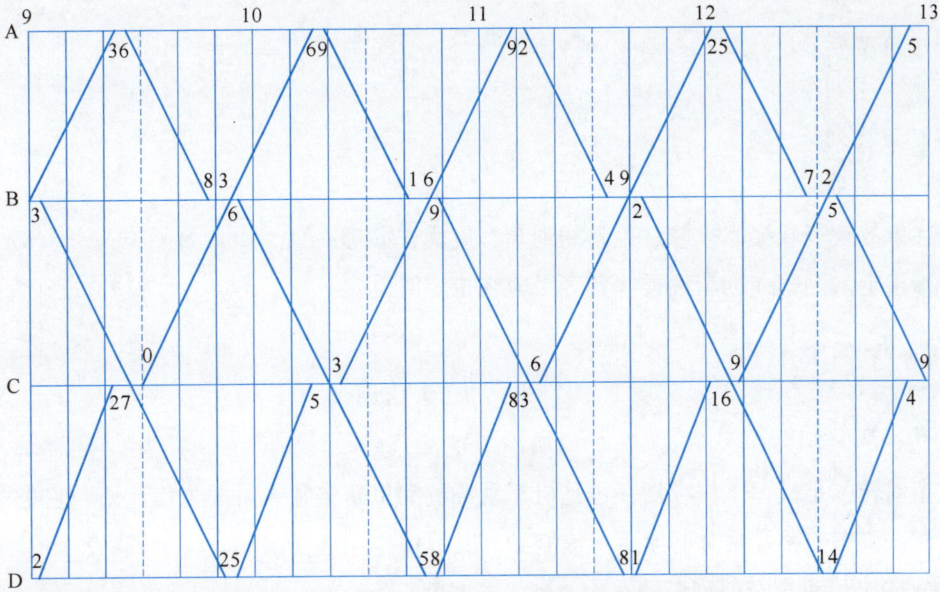

图 1－12　列车运行图示例（局部）

列车运行时刻表是根据列车运行图的规定，以表格的形式表示各次列车在车站到、发或通过的时刻。

为便于组织列车运行和进行作业，每一列列车必须编有车次。列车的车次表示该列车的种类、运输性质及运行方向。列车运行，原则上以开往北京方向为上行，在双线区间，列车应按左侧正方向运行，列车按右侧反方向运行时，遵从《铁路技术管理规程（普速铁路部分）》（以下简称《技规》）的规定。全国各线的列车运行方向以国铁集团的规定为准，但枢纽地区的列车运行方向由铁路局规定。在个别区间使用直通车次时，可与规定方向不符。

4. 按运输性质分类

（1）旅客列车（动车组列车，直快、特快、快速、普通旅客列车等）。

（2）特快货物班列。

（3）军用列车。

（4）货物列车（快速货物班列、快运、重载、直达、直通、冷藏、自备车、区段、摘挂、超限及小运转列车等）。

（5）路用列车。

5. 列车运行等级顺序

（1）动车组列车。

（2）特快旅客列车。

（3）特快货物班列。

（4）快速旅客列车。

（5）普通旅客列车。

（6）军用列车。

（7）货物列车。

（8）路用列车。

开往事故现场救援、抢修、抢救的列车，应优先办理。

特殊指定的列车或列车种类，其等级应在指定时确定。

（二）机车周转图

1. 机车周转图的作用

机车周转图是机车工作计划，也是机车乘务员和机车整备人员的工作计划，它是根据列车运行图，机车交路及乘务制度进行编制的。其具体作用如下。

（1）确定了机车牵引列车的车次及到、开时间。

（2）确定了机车在自（外）段、站的标准技术作业时间。

（3）根据牵引区段的列车对数计算机车平均全周转时间，从而确定机车使用系数和机车使用台数。

（4）根据牵引区段的距离，测算机车总走行公里，进而测算机车大、中、小、辅修任务。

（5）计算机车日车公里、旅行速度、技术速度等机车运用效率指标。

（6）机务段还需根据机车周转图合理地规划电量、水、砂、油脂的储备和使用，并安排机车检修及整备等各项工作和程序。

2. 机车周转图的种类

机车周转图分为：基本机车周转图、分号机车周转图（独立分号及一、二、三分号）、旬间记名式机车周转图、日计划机车周转图和实际机车周转图。

基本机车周转图和实际机车周转图与列车运行图同时编制。机车周转图编成后，应同时查定机车运转制、乘务员换班方式、机车走行公里、使用台数、全周转时间［包括纯运行、中间站停留及机车在自（外）段、站停留时间］、日车公里、旅行速度、技术速度、速度系数、机车使用系数等技术指标，经国铁集团批准后执行。

分号机车周转图（货车）是在基本列车运行图的基础上，根据运量波动导致不同列车对数而编制的。月、旬间运输方案和机车周转图是根据月、旬运量选定的核心列车对数（不少于最低分号运行图列车对数的70%）编制的。分号和月、旬间机车周转图均须查定货运机车走行公里、使用台数、日车公里等指标，并有机车小修及辅修安排。其中，日车公里应保证年度机车运用计划的要求。旬间记名式机车周转图还应同时编制旬间机车乘务员工作明细表。

旅客列车机车周转图（客货混编除外），应实行记名式机车周转图；货物列车车流比较稳定的区段应积极推行旬间记名式机车周转图。

3. 机车周转图的识别

机车周转图一般采用小时格的运行图图表进行铺划。在表示区段距离的纵坐标上，没有详细画出每个区间站，只是画出列车始发站、中间换班站、大站及到达站的分界水平线，并在周转图的左侧写上站名，标明区段长度。同时在机车周转图最上方要写明机车的周转区段、周转图实行日期、机车使用效率等参数。另外，在机车周转图的上方和下方，用不重叠的横线（即库停线）表示机车在本段和折返段库内的停留时间范围。机车周转图中的列车运行线与列车运行图中的表示方法一样。机车周转图如图 1－13 所示。

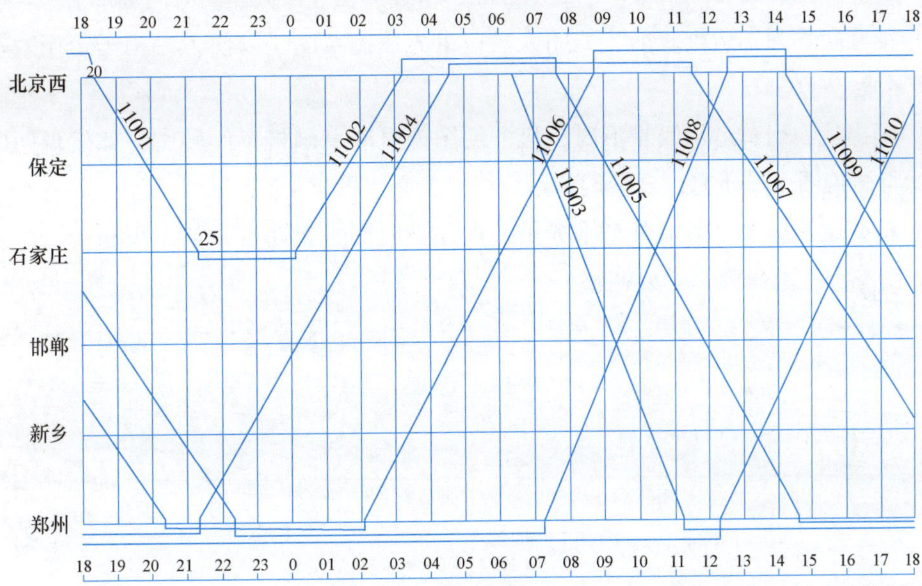

注：遇调车机临时任务，试运等计划时，在此图进行标注显示。

图 1－13　机车周转图

为了使机车周转图同列车运行图协调，机车周转图要对应编制基本机车周转图和分号机车周转图，以根据不同的行车方案选择实施。

4. 机车周转图的编制原则

机车周转图应与列车运行图同时编制，编图人员首先要研究列车编组计划、列车对数和查定各项资料，制订列车运行图与机车周转图的初步方案，然后进行具体编制。

机务编图人员须与列车运行图编图人员密切配合，发现问题及时解决，共同协作做好以下工作。

（1）认真、细致地审定旅客列车方案，经济合理地使用机车。

（2）按照列车编组计划、列车对数和各项查定资料，安排好列车工作方案和机车周转方案，尽量压缩非生产时间，提高速度系数。

（3）正确查定基本及各分号运行图的列车车次，编制好分号机车周转图。

（4）货物列车因车流比较稳定，应积极推行编制旬间记名式机车周转图，并应编制旬间机车乘务员工作说明表。

5. 列车运行图与机车周转图的协调

列车运行图和机车周转图是机务部门组织运输生产的基础。机车周转图是机车运用工作的计划。为此，机务编图人员要努力做到以下几点。

（1）编制前向列车运行图编图人员提供所属交路各区段机车运用方式和乘务员换班方式、机车在自（外）段的技术作业时间标准、乘务员补充工作时间及连续作业劳动时间标准、为保证年度计划实现的区段日车公里标准、乘务员在外段调休的时间标准。

（2）铺画货物列车运行线前，编图人员应事先编制草图，以便考虑机车运用效率是否满足预定指标。

（3）画出货物列车运行线雏形时，机务编图人员应草画机车周转图，如发现问题及时与列车运行图编图人员研究，合理调整运行线，务必使机车交路符合实际。

（4）检查绘制好的草图中机车乘务员一次作业时间是否超劳，如出现超劳，应及时与列车运行图编图人员研究并予以调整。

学 习 笔 记

五、机车运用指标

机车作为铁路运输的牵引动力，其管理运用水平、运用效率，对降低铁路运营成本、完成铁路运输任务起着重要的作用，而直接反映铁路运输任务完成情况、机车运用效率高低的因素便是机车运用指标。

机车运用指标是考核机车运用组织工作的尺度。通过对机车运用指标的统计和分析，可以准确地、及时地获得机车运用情况，发现运用组织工作中的问题，不断提出改进措施，提高机车运用管理水平。

机车运用指标是机务段计划和具体任务的表达形式。一个完整的指标由指标名称、计算单位和指标数值三部分组成。每一项指标都从一个方面反映着安全运输、生产技术和经济活动的状况。

机车运用指标，根据其性质和作用的不同可分为数量指标、质量指标两大类。数量指标表示计划指标在规定时间内（如日、旬、月、季等）机车运用的经济活动在效率上应达到的目标，反映总的机车运用工作量，常用绝对数表示，如机车走行公里等。质量指标则表示机车在运用计划内，在机车运用质量上应达到的目标，其是两个有联系的效率指标的对比，常用平均值表示，如机车日车公里、机车日产量指标等。

（一）机车运用数量指标

机车运用数量指标表示计划指标在规定时间内（如日、旬、月、季、年）机车运用的经济活动在效率上应达到的目标，反映总的机车运用工作量，包括各种机车的走行工作量、工作时间及其完成的各种总重吨公里。

1. 机车走行公里

机车走行公里为运用机车实际走行或换算走行的公里。

（1）本务机走行公里。

本务机车为牵引列车担任本务作业的机车。本务机走行公里为牵引列车的本务机车走行的公里。

两台机车牵引列车（包括规定的双机牵引区段）及组合列车，第一台主导机车为本务机车，第二台为重联机车，但两个列车临时合并运营时，两台机车分别按本务机车统计走行公里。

（2）沿线走行公里。

沿线走行公里为本务机、单机、重联和补机走行公里之和，或者说其是指机车在区段内或区间内与牵引或推送列车直接有关的机车走行公里之和。

（3）辅助走行公里。

辅助走行公里指本务机走行公里以外的单机、重联、补机及各种换算走行公里之和。

（4）换算走行公里。

换算走行公里为按机车台小时换算的走行公里，或者说其是指在区段或区间内与牵引、推送列车无关的运用机车换算走行公里之和。

调车工作每小时作业时间换算 20 km，其他工作每小时换算 5 km，有动力停留每小时换算 4 km（内燃、电力运用机车的段内停留均按有动力停留统计）。

（5）机车总走行公里。

机车总走行公里为沿线走行公里及换算走行公里之和，或者说其为担当各种工作的运用机车的总走行公里之和。

机车总走行公里 = 沿线走行公里 + 换算走行公里 = 本务机走行公里 + 辅助走行公里

机车走行公里是机务段运用工作的一项重要指标。它表示机务段的工作量，因此是机务段配属机车台数的依据。同时，为了完成一定的运输任务，机车必须完成一定的走行公里，所以在完成一定运量的前提下，努力压缩机车全部走行公里数，是降低运输成本的一个重要途径。

为了压缩全部运行机车的总走行公里，就必须压缩它所包含的各项走行公里和换算走行公里。

本务机车走行公里的多少，主要由运量大小和列车牵引定数决定，一般可视为客观因素。在运输组织工作中尽量减少欠重列车，实现超重运输，组织单机挂车等，都可压缩本务机车走行公里。同时，在条件允许时，努力提高列车牵引定数也是压缩本务机车走行公里的一项措施。

除本务机车外，担任其他各项工作的机车，如补机、重联机车、单机、调车机车等的走行公里，更应大力压缩。

2. 总重吨公里

（1）机车牵引总重吨公里。

机车牵引总重吨公里为机车牵引列车（包括单机牵引车辆）完成的工作量。

其计算方法是：机车牵引总重吨公里 = 机车牵引总重 × 相应的机车实际走行公里

机车实际走行公里是指牵引车列的本务机车的走行公里。机车牵引总重吨公里指标对机务段具有特别重大的意义，它是确定机车燃料、电力消耗，进行经济核算的依据。

注：双机合并牵引及挂有补机、重联机车时，牵引总重吨公里的计算按《铁路机车统计规则》附件二“重联、补机机车牵引能力比例表”分劈。3 台机车牵引列车时不考虑机型，其总重吨公里本务按 40%，其余两台各按 30% 分劈。

（2）机车自重吨公里。

机车自重吨公里是机车沿线走行所产生的自重吨公里。

计算方法是：机车自重吨公里 = 机车重量 × 沿线走行公里

（3）通过总重吨公里。

通过总重吨公里是指沿线上通过的总重吨公里数。

计算方法是：通过总重吨公里 = 机车自重吨公里 + 机车牵引总重吨公里

通过总重吨公里是根据司机报单上所记载货物实际重量和走行距离为依据进行计算的。每天都应计算，用以考核、分析机车运用情况。同时，在其他指标不变的情况下，通过总重吨公里的大小还影响到车辆走行公里的大小，因而是影响铁路运输运营费用大小的重要因素。

（二）机车运用质量指标

机车运用质量指标主要从机车牵引能力的利用程度和机车在时间上的利用情况来反映机车的运用效率（即运用质量）。其主要指标有：机车全周转时间，机车日车公里，列车平均牵引总重量，机车日产量，技术速度及其他有关指标。

1. 机车全周转时间

（1）机车全周转时间。

机车全周转时间为机车每周转一次所消耗的全部时间（非运用时间除外）。或者说机车在担当牵引作业过程中，自离开机务段闸楼起，到完成一个交路的往返作业回段，下一次出段再经过闸楼时止，所用的全部时间称为机车全周转时间。其包括纯运转、中间站停留、本段和折返段停留、本段和折返段所在站停留时间。

回段机车为上次入段时起至本次入段时止；实行循环运转和轮乘制的机车为上次机车到达乘务员换班站时起至本次机车到达乘务员换班站时止；在站换班机车为接车时起至交车时止。

①纯运转时间——机车在区间内实际运行所占用闭塞的时间，包括区间内机车的运缓、退行、机车车辆发生故障及信号机外停车等牵引列车占用区间的全部时间（不包括列车在区间进行装卸作业的时间）。

②中间站停留时间——机车在列车运行区段内中间站（线路所、信号所）的停留和调车时间。

③旅行时间——自始发站出发时起至终到站到达时止的全部时间。

④本段和折返段停留时间——机车入段时起至出段时止的时间（非运行时间除外）。

⑤本段和折返段所在站停留时间——机车自出段时起至本段、折返段所在站牵引列车出发时止，和牵引列车到达本段、折返段所在站时起至入段时止的全部时间，其中包括调车时间。

机车周转时间分为机车全周转时间和机车运用周转时间两种。

机车运用周转时间指机车从出本段经过闸楼时起，担当一个交路的往返作业后，回到本段通过闸楼时止所用的时间。其计算方法为：

$$机车运用周转时间 = 机车全周转时间 - 本段停留时间$$

（2）全周转时间的计算。

$T_{全}$的计算有两种方法，即时间相关法和机车相关法。

①时间相关法。

时间相关法是以机车周转一次所需时间因素为依据来计算 $T_{全}$的方法。其计算公式为：

$T_{全}$ = 一次周转的旅行时间（$t_{旅}$）+ 本段及折返段库停时间（a）+ 本段及折返段所在站停留时间（b） $= t_{旅} + a + b$

或
$$T_{全} = \frac{2 \times L}{v_{旅}} + a + b$$

式中：L——机车担当交路的长度，km；

$v_{旅}$——旅行速度，km/h。

②机车相关法。

机车相关法是以机车使用台数和列车对数为依据计算 $T_{全}$的方法。其计算公式为：

$$T_{全} = 回段机车全周转时间的总和/机车周转次数$$

机车周转次数即机车回段台数或列车对数。

当有双机重联或多机牵引时，回段机车台数和周转次数大于列车对数。

此时，机车周转次数 = 回段机车台数 = 列车对数 + 双机和多机牵引对数

如某机车出库仅牵引一次列车，而往程或回程担任其他工作时，则其所担当的列车为 0.5 对，机车周转次数和回库机车台数也按 0.5 次或 0.5 台计算。

回库机车全周转时间的总和 = 担当牵引任务的机车台数 ×24

因此，该计算公式又可写成：

$$T_{全} = \frac{担当牵引任务的机车台数 \times 24}{列车对数 + 双机或多机牵引对数}$$

(3) 缩短全周转时间的主要措施。

机车全周转时间是考核机车运用效率的重要指标之一，它不仅反映机务部门工作质量的好坏，还反映铁路运输日常调度指挥、车站工作组织、线路施工等工作质量的好坏。可见，缩短机车全周转时间是各运输部门的共同责任。

缩短机车全周转时间的主要措施如下。

①加强车站作业和调度指挥，提高旅行速度。其中包括提高机车的技术速度和减少列车在中间站停车次数及停留时间。

②加强相邻区段相互间的紧密衔接，缩短机车在外段及所在站的停留时间。

③缩短本段及所在站的停留时间。

除此之外，还有许多措施可以直接或间接地缩短机车全周转时间，如减少机破事故，加强机车保养等。

2. 机车需要系数

机车需要系数是指在一个牵引区段上，每担当一对列车的牵引任务平均所需要的运用机车台数。机车需要系数又称机车周转系数，它是考核机务部门供应机车的标准。

机车需要系数实际上就是以“天”为单位的机车全周转时间。其计算公式如下：

$$机车需要系数 K = 机车全周转时间/24$$

代入 $T_{全}$： K = 机车使用台数/列车对数 = 机车周转距离/机车日车公里

机车需要系数是由列车运行图和机车周转图确定的，K 值越小，完成规定的牵引任务所需要的机车使用台数也就越少，铁路运营费用就可大大节省。由于列车运行图和机车周转图经国铁集团批准，因而机车需要系数为法定标准。

3. 机车日车公里

机车日车公里是指在一定时期内全路、全铁路局或全机务段平均每台运用机车在一昼夜内走行的公里数，用 $S_{日}$ 表示，它是反映机车工时有效利用程度和列车速度这两个方面因素的重要指标。

机车日车公里分客运机车日车公里、货运机车日车公里和支配机车日车公里。

（1）客运机车日车公里。

客运机车日车公里一般在客车变动不大时，仅在年或季分析，日常不分析。

（2）支配机车日车公里。

支配机车日车公里为平均每台支配机车在一昼夜内走行的公里。其计算公式如下：

支配机车日车公里 = 机车总走行公里/支配机车台日

为了提高支配机车日车公里，应该提高运用机车日车公里，节约非运用机车台数，努力降低机车检修率，在保证完成运量的前提下，尽量将多余机车加入储备、封存，以压缩支配机车台数。

（3）货运机车日车公里。

因货运工作量大，波动面大，客观因素影响多，货运机车日车公里的潜力也很大，其是分析研究提高机车运用效率的重要指标。

已知机车每次周转时间为 $T_{全}$，则机车在一昼夜内的周转次数为 $24/T_{全}$，而机车在一周转内走行距离为两倍的交路长度，故机车每昼夜走行的公里数为：

$$S_{日} = 2L \times \frac{24}{T_{全}} = \frac{48}{T_{全}}$$

代入
$$T_{全} = 24K$$

得：
$$S_{日} = 2L/K \ (\text{km/台日})$$

机务段所有机车的平均日车公里可用下式计算：

$$S_{日} = \frac{\sum 2L \times n}{N_{运}} \ (\text{km/台日})$$

式中：$2L$——机车周转距离，km；

n——某一机车交路的列车对数；

$N_{运}$——全段运用机车台数。

从上述计算日车公里的公式中可以看出：机车日车公里的高低和沿线走行公里、列车对数、周转距离成正比；和机车使用台数、全周转时间、机车需要系数成反比。当周转距离延长，沿线走行公里增大和全周转时间缩短，使用台数减少时，日车公里就能提高。周转距离和列车对数主要取决于客观因素，所以，压缩机车全周转时间是提高日车公里的主要措施。提高机车技术速度和旅行速度，减少中间站停留次数和停留时间，压缩本、外段停留时间，机车周转也就自然加快，从而达到提高日车公里之目的。

4. 技术速度和旅行速度

技术速度（$v_{技}$）是不计入中间站停留时间的机车在区段内的平均速度，也即机车在区间内平均每小时走行的公里。

其计算公式为：$v_{技}$ = 本务机车走行公里/本务机车纯运转时间

$= L/T_{运}$

旅行速度（$v_{旅}$）是计入中间站停留时间的机车在区段内的平均运行速度，也即机车在区段内平均每小时走行的公里。

其计算公式为：$v_{旅}$ = 本务机车走行公里/本务机车旅行时间

$= L/(T_{运} + T_{停})$

式中：L——机车交路长度，km；

$T_{停}$——区段内中间站总的停留时间，h。

旅行速度不仅考核机车牵引能力和操纵水平，而且能体现中间站作业情况，以及列车组织、调度指挥水平等。

机车平均技术速度和机车平均旅行速度指标是从机车在时间上的利用情况来反映机车运用效率的。它的提高不仅可以加速机车本身的周转，而且可以加速牵引车辆的周转。影响机车纯运转时间和旅行时间的因素很多，如机车乘务组的操纵技术水平，运输组织工作的质量，中间站的停留时间，列车会让、通过作业及办理客货运输业务的时间，机车类型，线路状态，列车重量，区间行车、通信、信号设备状况，以及气候条件等。

旅行速度和技术速度的比值称为速度系数，用 γ 表示。

则：

$$\gamma = \frac{v_{旅}}{v_{技}} = \frac{T_{运}}{T_{运} + T_{停}} \leqslant 1$$

γ 值接近 1，则说明两个速度越接近，列车在中间站的停留时间越短，机车、车辆周转越快。

5. 机车日产量

机车日产量是指在一定时期内全路、一个铁路局或一个机务段平均每台运用机车在一昼夜内所生产的总重吨公里。

机车日产量分为支配机车日产量和货运机车日产量。

（1）支配机车日产量（$M_{支}$）。

支配机车日产量指平均每台支配机车在一昼夜内生产的总重吨公里。

计算公式：$M_{支}$ = 各种运输总重吨公里/支配机车台日

支配机车日产量主要考核运行机车的利用程度和完成任务的质量情况，在支配机车台数不变的情况下，机车利用率和总重吨公里越高，则 $M_{支}$ 越高。

（2）货运机车日产量（$M_{总}$）。

货运机车日产量指平均每台货运机车在一昼夜内生产的总重吨公里。

计算公式为：

$$M_{总} = \frac{S_{日} \times Q}{1 + \beta_{单}} [\text{t} \cdot \text{km}/(台 \cdot \text{d})]$$

式中：$S_{日}$——货运机车的平均日车公里；

Q——货运机车的平均牵引重量；

$\beta_{单}$——单机走行率。

上述公式除 10 000，则等于通称的："万 t · km/（台 · d）"。

评价机车运用效率从时间和牵引力的利用两个方面来进行。机车日车公里，机车全周转时间反映机车运用效率的时间方面；列车平均牵引总重反映机车牵引力的利用程度，能综合反映这两个方面的指标就是机车日产量，它是机车多拉快跑的主要标志。

机车周转的快慢，牵引力利用程度的高低，同时还表现在每台机车每日能完成的总重吨公里上。机车日产量指标既综合反映机车运用效率，也反映铁路整个运输的综合成绩，是铁路经济技术考核的主要指标之一。

为提高机车日产量，需要对机车日产量的有关因素进行分析，机车日产量的高低与日车公里、列车平均牵引总重成正比，与单机率、重联率、机车运行台数成反比，要提高机车日产量就必须大力提高列车平均牵引总重，加速机车周转，压缩机车使用台数，提高日车公里，减少单机走行率、重联率等有关因素。

6. 列车平均总重

列车平均总重，是从机车牵引力角度出发考核机车牵引力利用程度的一个重要指标。它是指在一定时期内，全路、一个铁路局、一个机务段或一个区段按距离加权平均每一本务机车牵引的总重量。也即每一列车的平均总重量。其计算公式为：

列车平均总重 = 总重吨公里（不分劈重联、补机）/本务机走行公里

由上式可知，它是一个机务段已经完成的各次货运列车（包括上、下行方向，但不包括小运转列车）重量的平均值。它的大小直接影响到区段列车次数的多少，从而影响到机车需要台数、机车和列车乘务组需要数及其他有关支出的多少，甚至影响到为增加线路通过能力所需的投资。对照列车平均牵引总重与牵引重量标准，即可发现运输组织工作中的薄弱环节和机车牵引力的利用程度。

一个区段或一条线路按方向确定的列车重量标准，是按各区段配属的机车类型（主要机车功率的大小），线路纵断面情况，并考虑各区段牵引定数统一，由牵引计算方法求得，经牵引试验确定的。它是货运列车编组的主要依据，也是本务机车牵引列车重量的一个定额指标。

提高列车平均牵引总重是提高机车日产量的主要环节。因此，要坚持满重，减少欠重，组织超重，特别要抓好运输方案，合理开行零担摘挂列车，提高小运转列车的牵引重量。

7. 机车辅助走行率

各种机车辅助走行率计算方法如下。

（1）机车辅助走行率。

机车辅助走行率是指机车的辅助走行公里与机车沿线走行公里的比值，这个指标可反映机车的走行效率。其计算公式：

机车辅助走行率 =（辅助走行公里/沿线走行公里）×100%

该比值越大，说明机车的无用走行公里越多，浪费也大，所以该比值越小越好。

（2）单机率。

单机走行公里占机车各种走行公里的百分比称为单机率。

其计算公式为：占机车沿线走行公里的单机率：（单机走行公里/机车沿线走行公里）×100%

占本务机车走行公里的单机率 =（单机走行公里/本务机车走行公里）×100%

同样，单机率越小越好，为了减少该值，就应该周密地组织机车周转，压缩单机开行次数或附挂回送，严禁对开单机，减少重联等。

六、扩展知识

（一）机车管理部门的职能

全国铁路的机务管理部门通称为机务部门，也称为机务系统，是铁路运输系统的重要组成部分。其任务就是为运输生产提供足够数量的良好机车和技术熟练的乘务人员，按照列车运行图与运输部门密切协调，力争多拉快跑，不断提高机车运用效率和乘务人员劳动效率，搞好机车保养工作，同时对机车的检修、运用和整备工作进行规范的管理和严格的考核，使其充分发挥效能，安全正点地完成运输任务。

机车的管理工作，原则上分为机车运用、机车检修和机车整备三大方面。

机车运用工作的主要任务是：按照列车运行图科学地编制机车周转图和机车运用计划；按照机车周转图为铁路运输提供质量良好的机车和技术熟练的机车乘务人员，搞好机车的保养工作，合理编排乘务人员工作计划，充分发挥机车的效能；与运输部门积极协调，不断地提高机车运用效率和劳动生产率。各级机车运用人员应具备高度的责任心和求实精神，热爱本职工作，高标准、严要求，对技术精益求精、顾全大局、联劳协作，确保行车安全正点，努力降低运输成本，出色地完成各种列车牵引作业和各个站场的调车作业任务。采用现代化管理手段，建立、健全通信联络、信息采集、数据处理系统，实行网络管理。

机车检修工作的主要任务是：按计划组织机车的定期检修，恢复机车的基本性能，不断改进检修工艺和检修方式，努力降低检修成本。同时根据机车运用状态对机车进行技术改造，提高机车质量，确保机车经常处于良好的技术状态，为完成各项运输任务奠定良好的物质基础。

机车整备工作的主要任务是：按照机车周转图为铁路运输提供质量良好的机车，对入库机车进行整备和检查，搞好机车的保养工作，同时负责入库机车的保洁工作。采用现代化管理机车手段，建立、健全通信联络、信息采集、数据处理系统，实行网络管理。

铁路运输行业是一部大的联动机，各部门之间相互联系，相互制约，缺一不可，机务部门必须与其他业务部门（如车务、车辆、电务、工务等部门）紧密配合，协调一致。机车运用工作的最终目的就是为完成运输任务提供动力，而机车检修工作是为了确保机车经常处于良好的技术状态，整个机车管理工作就是要保证机车高质量、高效率、低成本地完成铁路运输生产任务。

（二）机车的配属

在我国，铁路机车主要实行配属制度。国铁集团根据机车配属原则，把机车配属给各个铁路局，各铁路局又把机车配属给所属的各个机务段。各机务段在其所担当的牵引区段内组织机车牵引列车运行或从事与运输生产有关的其他工作。

为了有效地管理机车及科学、经济、合理地使用机车，国铁集团及各铁路局每年在制订下一年度计划时，都要确定各局、段的配属机车台数和类型，并作出路网现有机车的调整方案。由于机车配属上和应用方式上的这些特点，所以国铁集团可以根据全路运输生产需要，对各局、段配属机车进行调配，最大限度地利用好机车，提高铁路运输能力。

机车在配属过程中，应注意以下原则。

(1) 根据铁路建设的发展及铁路牵引动力的改革方案，按照近期与远期相结合的原则，使各局、段所配属的机车类型便于过渡，并力求稳定，避免机车配属中的大改大动。

(2) 充分发挥机车牵引力，注意平衡牵引定数。在分配机型时，要尽量发挥机车的主要技术性能（如牵引力、功率、速度等），并注意均衡列车重量标准，按线路、方向尽可能统一牵引定数，以减少区段站的改编作业。

(3) 机车类型要力求分区集中统一，使各局、段使用的机车类型达到最少，以便于机车乘务人员对机车的操纵和保养及检修人员对机车的修理。

(4) 要适应运输设备的基本条件。机车的基本性能及构造条件要与该区段的环境气候、线路限制坡度、最小曲线半径、容许速度、站线有效长度、钢轨类型、桥梁等级等条件相适应。

(5) 机型配置应与机车修理工厂的专业化修车方案相吻合，力求缩短机车检修时的回送距离。配属给各局、段的机车，从配属单位签署接车文件及接受技术履历簿时起，即列入该局、段的资产台账内，作为该局、段的固定资产。

机车按配属关系，分为配属机车和非配属机车。机车配属标志如图 1－14 所示。

图 1－14 机车配属标志

学习笔记

实训设备

机车调度室、手持电台、工作证、司机证、学习司机证、岗位培训合格证、电气化安全合格证、IC 卡、司机报单、司机手册、司机操纵提示卡、手持揭示、施工明示图等。

实训操作安全注意事项

1. 采用模拟仿真软件，要求耐心等待，爱护实训设备，禁止野蛮操作。
2. 遇到特殊情况及时与实训指导教师沟通。

实训步骤

第一步　酒精测试、验证

按规定着装，确保机班一致，按时到达调度室（出勤点），本人按压指纹进行验证和酒精测试。

酒精测试合格后，全员出示工作证、驾驶证、学习司机证、岗位培训合格证。经电气化区段运行时，需出示电气化安全合格证。

第二步　领取资料

按规定领取司机报单、司机手册、添乘指导簿、车机联控信息卡和担当区段的交付揭示等行车资料和备品（值乘客车的还须领取担当车次的列车时刻表）

第三步　写入 IC 卡

司机将 IC 卡交出勤调度员，出勤调度员按规定正确写卡。

第四步　核对揭示

（1）运行安全系统作用良好时，司机在触摸屏按压指纹登录，选择担当区段，核对运行揭示。运行安全系统作用不良或未设运行安全系统时，在运行揭示橱窗中按担当区段核对运行揭示，出勤点未设运行揭示橱窗时核对运行揭示夹内的运行揭示。

（2）全员逐条确认手持设备的运行揭示，与本次乘务有关时，司机、学习司机在各自手持揭示的序号前划“√”。

全员逐条确认出示的运行揭示，学习司机（副班司机，下同）读运行揭示，司机对照手持揭示进行核对后，司机、学习司机核对有关揭示确保一致，使用荧光笔在有关运行揭示的起止里程、限制速度上涂画，做明显标记。检查手持揭示站序按由近至远顺序排列，在各自手持揭示上对应职名处签字。

（3）主、副班司机分别将担当区段车站在各自司机手册上写全（调车机、小运转列车除外），根据运行揭示，在各自司机手册中施工、慢行的起始车站（站内施工时为该站）及乘降所停车站名栏下画一横线。乘降所停车站名的备注栏内填记 IC 卡内写入的限速起止里程。

第五步　IC 卡验卡

（1）运行安全系统作用良好时，全员分别将 IC 卡插入读卡器进行验卡。司机手动输入司机号、副司机号、区段号、车站号、车次、车种、本务（补）机、客（货）类别，设备提示“验卡正确通过，可控揭示××条”，验卡完毕取出 IC 卡。提示验卡错误时，按照提示项点重新操作。发现与揭示内容不符时，要求出勤调度员重新写入，并重新验卡。

（2）运行安全系统作用不良或未设运行安全系统时，全员分别将 IC 卡插入模拟台进行验卡。司机、学习司机有声核对司机号、副司机号、区段号、车站号、车种、车次、客/货类别、本/补类别，确认揭示总条数正确，核对有关揭示调度命令号码及内容。发现与揭示不符时，要求出勤调度员重新写入，并重新验卡。

验卡正确后，司机在调度室 IC 卡数据录入登记簿中填记日期、出勤时间、值乘车次、总条数、限速条数、特殊条数，全员在出勤机班栏签名。副班司机与司机登记方式相同。

（3）担当旅客列车时，验卡后，机班分别将有关揭示在 IC 卡中的顺号在使用的该条运行揭示内容后标注。

（4）确认 IC 卡故障时，由出勤调度员使用备用 IC 卡换卡、重新写卡、验卡。

第六步　模拟开车

（1）遇有施工明示图时，须进行模拟操作并接受指导，明确行车办法，掌握监控装置操作。对指导后行车办法仍不清楚、不会操作监控装置的机班严禁出勤。

（2）将 IC 卡揭示内容输入模拟台 LKJ 内，修改 LKJ 时间与施工时间相符，输入相应的区段号、车次、车速等级等相关数据，通过车位调整在施工对应处所进行监控装置实际操作，学习司机监督。装置提示模拟操作未完成时，乘务员需对未完成的模拟项点重新操作。

（3）运行安全系统作用不良或未设运行安全系统时，出勤指导后由司机在重要施工模拟开车登记簿登记，指导人在施工明示图上加盖指导人名章（或签字）。

第七步　开小组会

运行安全系统作用良好时，全员分别按压指纹登录，阅览通知、通报等传达内容，需进行乘前答题时，点击正确答案。未设运行安全系统或作用不良时，阅读通报、通告，了解相关要求。LKJ 最新版本号在司机手册“LKJ 版本号”栏记录。

出勤机班根据担当列车种类、天气情况及运行揭示等相关内容，制订行车安全注意事项，并摘录于司机手册。司机手册上须逐一填写担当本次任务区段规定的车站站名（客车为营业站），对应位置填写施工慢行限速值，涉及绿色许可证、特定引导、路票等非正常行车时，记事栏填写“绿证”“特定”“路票”等字样。

第八步　出勤

（1）全员到出勤调度员处出勤，司机：“××次（或××站×调）机班出勤。”

（2）出勤调度员：“核对揭示。”司机报告交付的运行揭示总条数、有关运行揭示条数，按顺序叙述有关运行揭示的调度命令号码，学习司机、出勤调度员逐一核对、确认。报告用语：交付揭示××条、有关揭示××条，有关揭示调度命令号码××××××、××××××……

（3）出勤调度员根据“机车乘务员出勤指导传达簿”的内容，逐项传达有关要求、注意事项。分别在主、副班司机手册及司机报单上签注叫乘时间（货物列车）、出勤时间并盖章；在“机车乘务员乘前休息证明书”上盖章，并通知乘务员接车地点、机车号等。

（4）出勤后不得携带除手机、手持电台以外的其他电子设备。机车乘务员出勤时应携带安全风险卡、作业指导书等资料。

（5）调车机乘务员集中出勤时，可由运用车间干部组织，集中传达通报、通告、安全注意事项等。电话出勤时，由司机与出勤值班员核对运行揭示，出勤调度员传达相关事项时，司机复诵。

考核标准

任务单

任务编号	1－1 任务名称	出勤作业	
序号	检查内容	是	否
出勤前准备工作			
1	叙述待乘叫班规定正确		
2	叙述机车乘务员劳动、休息时间标准正确		
出勤作业			
3	按规定进行指纹验证和酒精测试，测酒合格		
4	按规定出示证件，证件齐全		
5	领取报单、手册、运行揭示、施工明示图；客车领取列车时刻表及监控提示卡，资料齐全		
6	全员核对，逐条勾画，正确验卡，模拟开车，操作正确		
7	开小组会，阅读通报，记录 LKJ 最新版本号，确定安全风险项点并制订措施，正确记录信息、制订合适的安全“卡控”措施		
8	听取接车地点信息，签点出勤，记录传达信息，熟悉接车地点		

考核评价表

<table>
<tr><td>任务编号</td><td>1－1</td><td colspan="2">任务名称</td><td colspan="4">出勤作业</td></tr>
<tr><td>班级</td><td></td><td>任务小组</td><td></td><td>任务执行人</td><td></td><td>学号</td><td></td></tr>
<tr><td>序号</td><td colspan="2">评价内容</td><td>标准分值</td><td>自我评分</td><td>组内评分</td></tr>
<tr><td>1</td><td colspan="2">是否积极参与实训任务讨论，是否正确领会任务要求</td><td>5</td><td></td><td></td></tr>
<tr><td>2</td><td colspan="2">是否积极参与实训预备知识的学习和讨论，是否完全掌握学习内容</td><td>5</td><td></td><td></td></tr>
<tr><td>3</td><td colspan="2">是否积极参与实训计划制订，是否提出建设性意见</td><td>5</td><td></td><td></td></tr>
<tr><td>4</td><td colspan="2">是否制订了可行的实训任务方案</td><td>5</td><td></td><td></td></tr>
<tr><td>5</td><td colspan="2">是否认真履行个人角色，是否积极参与实训任务演练</td><td>5</td><td></td><td></td></tr>
<tr><td>6</td><td colspan="2">是否有效使用实训任务单保证任务顺利进行</td><td>5</td><td></td><td></td></tr>
<tr><td rowspan="2">序号</td><td colspan="2" rowspan="2">评价内容
（任务展示、评价阶段）</td><td>标准分值</td><td>组间评分</td><td>教师评分</td></tr>
<tr><td>70</td><td></td><td></td></tr>
<tr><td>1</td><td>出勤程序</td><td>共8条程序（参看任务单）；其中第6、7条，每条7分，其余每条6分；若第3条测酒报警则本次任务失败；操作错误、顺序颠倒、呼喊漏项为程序错误，视情节扣分</td><td>50</td><td></td><td></td></tr>
<tr><td>2</td><td>假设处理</td><td>共2个故障假设。每个假设第1次处理正确10分；第2次处理正确8分；第3次处理正确5分；第4次处理0分</td><td>20</td><td></td><td></td></tr>
<tr><td>3</td><td>作业时间</td><td>标准时间15 min。标准时间以内不扣分；每超过标准时间1 min扣1分；超标准时间5 min以上，每超1 min扣2分；超标准时间10 min以上，判为任务操作失败</td><td>无基础分值</td><td></td><td></td></tr>
<tr><td>4</td><td>作业安全</td><td>出现危险操作，判为任务操作失败</td><td>无基础分值</td><td></td><td></td></tr>
<tr><td colspan="3">总评分值</td><td colspan="3"></td></tr>
</table>

实训任务二

接车及库内作业

实训任务简介

良好的机车质量是保证列车运行安全的重要前提。

机车乘务员出勤后，走规定线路到指定地点办理接车，与交班乘务员对口交接机车质量状态。若不能实现与交班乘务员对口交接，应与地面整备人员办理交接。接车后，乘务员认真检查机车各部件状态，确保机车达到运用要求，按规定进行高、低压试验和制动机的机能试验。

实训目的

- 能完成机车全面检查工作。
- 能完成机车高、低压试验。
- 能完成机车制动机试验。

实训任务

1. 按规定着装，携带工具。
2. 口述根据接车地点不同划分的接车类型及接车前的准备工作。
3. 口述机车检查前的准备工作。
4. 对机车进行检查并口述检查内容。
5. 对机车进行高、低压试验并口述试验内容。
6. 对机车进行制动机试验并口述试验内容。
7. 完成接车工作。
8. 对发现的故障及时记录并反馈。

实训预备知识

一、根据接车地点不同划分接车类型

根据接车地点的不同，接车类型一般可分为段内接车、车站接车及异地车站便乘接车。

段内接车指机车停于机务段整备作业区，乘务员在段内接车。

车站接车指机车停于车站机待线或者到发线上，乘务员去车站接班。

异地车站便乘接车指机车停于异地车站等待换班，接班乘务员乘坐旅客列车或者货物列车到达异地站完成接车任务，这种情况多发生在乘务员超劳情况下。

二、机车整备

所谓整备作业，就是对机车进行整修和准备工作。做好机车整备作业是实现安全正点、优质高效、圆满完成当次运输任务的重要物质基础。质量良好地完成机车整备作业，必须有一套严密的组织和管理制度，使整备工作程序化、规范化、标准化。对机车整备作业的要求：一是作业的质量；二是作业的时间。

三、机车检查的方法

机车的检查方法可分为目视检查、锤检法、手检法、测量法、耳听鼻嗅法。

目视检查是检查机车外部状态的一种方法。检查运用中的机车状态，比如部件裂纹、松缓、磨耗、变色、泄漏、丢失、火花、卡滞等，以及砂储量、工具备品、消防器材、仪表等均可采用目视检查。

锤检法即锤击检查，是以检验锤敲打部件的声音和锤的振动反拨力的强弱来判断部件安装是否牢固，或同时用另一只手进行接触来判断零件的状态。

在锤击检查时应注意以下几个问题。

（1）在敲打螺栓时，应向紧固方向打，以免把紧固的螺栓弄松。

（2）在敲打双重螺母时，应先敲内侧，注意勿使其失去内外螺母互相紧固的作用。

（3）敲击部件时，锤头要放正。要注意稳、准，思想集中，做到手、眼、耳一致，力求检查结果准确无误。

（4）敲击部件时应根据部件大小，用力要轻重适当，防止操作部件及破片飞出伤人，做到安全检查，文明检查。

手检法即手触检查法，是用手指背部接触部件，感受其温度。手触时应先用手指感觉温度，再用手背判断温度。温度检查方法参考表见表 2 - 1。

表 2 - 1　温度检查方法参考表

热别	相应的温度	判断方法	热别	相应的温度	判断方法
平热	40 ℃上下	能长时间手触	激热	150 ℃上下	变色
微热	70 ℃上下	手触能持续 3 s	烧热	150 ℃以上	生烟
强热	90 ℃上下	不能手触			

测量检查是用测量工具、仪表测量间隙、距离、行程的限度尺寸，以及电流、电压、电阻值等。要使用适当工具测量相应的数据。

鼻嗅检查是用嗅觉器官来判断部件及电气线路橡胶部件、电机绕组或装置的发热、着火等情况。

机车检查按逆时针方向进行；要先里后外、先上后下、先左后右；要先检查外部，再检查内部；先检查自然状态，再检查机能状态；要做到以下几点

①顺序检查、不错不漏、姿势正确、步伐不乱；

②锤分轻重、目标明确、耳听目视、仔细周到；

③测试工具、运用自如、手触鼻嗅、灵活熟练。

四、机车检查前的准备工作及安全注意事项

检查人员着装：头戴工作帽、身穿工作服、脚穿绝缘胶鞋；右手持检查锤、左手持手电筒。

机车准备工作如下。

（1）将运用状态良好的机车停放在有地沟、平直的整备线上。

（2）机车前后两端设置安全渡板。

（3）机车第 2、5 动轮应在不同方向打止轮器，机车空气制动阀置于制动位，机车单阀挂上“禁动牌”。在前后 20 m 外设置红色防护牌，机车四周 2 m 处设置禁入线。

（4）乘务员应穿戴、使用劳动保护用品。

（5）防止异物落入电机及高、低压电器柜内。

（6）电力机车降弓，断开隔离开关，蓄电池电源断开。

（7）上下机车时应手把牢，脚站稳，面向机车，注意人身安全。确认车顶接触网隔离开关在断开状态并且接地后，方可登上车顶检查机车。

五、机车段内检查项目

1. HXN_5型内燃机车段内检查项目

HXN_5型内燃机车段内检查项目见表2-2。

表2-2 HXN_5型内燃机车段内检查项目

序号	部　件
1	机车走行部（包括车底部）
2	基础制动和牵引装置
3	车体、外走廊走台板及护栏
4	机车卫生间
5	空气压缩机、制动机和撒砂装置、总风缸自动排风阀
6	电阻制动装置
7	控制区
8	电机、电器
9	柴油机和增压器、减压阀
10	冷却装置
11	燃油、油脂和机砂存量
12	照明装置和信号标志
13	各监督计量器具
14	行车安全设备、信号灯（旗）及防护用品

2. HXD_3型电力机车段内检查项目

（1）HXD_3型电力机车段内机车走行部检查项目见表2-3。

表2-3 HXD_3型电力机车段内机车走行部检查项目

序号	部　件
1	头灯，副灯，标志灯，前窗玻璃，标志标记
2	扶手，脚踏板，重联插座，排障器，平均软管，总风软管，制动软管
3	车钩各部，车钩三态
4	车体侧墙
5	司机室门扶手，脚蹬，主电路、控制电路插座
6	机车信号，自动过分相，扫石器
7	砂箱，砂管，撒砂器，牵引杆固定
8	动轮，轴箱，基础制动装置及指示件，轮缘润滑装置
9	二系悬挂装置，减震器，高圆弹簧，侧挡
10	变压器油箱各部及安装固定
11	辅助电路库用插座，转向架端梁，变压器油路
12	检查各轴箱轴承测温试纸温度显示符合要求

（2）HXD_3型电力机车段内机车底部检查项目（实行专检专修的除外）见表2-4。

表2-4　HXD_3型电力机车段内机车底部检查项目（实行专检专修的除外）

序号	部　件
1	车钩下部及缓冲装置
2	排障器，扫石器，车底照明灯具
3	总风管、制动主管、平均管管路
4	横向油压减震器，牵引杆固定
5	信号接收线圈，自动过分相
6	动轮及基础制动装置各单元，牵引电机及悬挂装置（其余各轮对检查同此项）
7	变压器油箱底部

（3）HXD_3型电力机车段内机车中部检查项目见表2-5。

表2-5　HXD_3型电力机车段内机车中部检查项目

序号	部　件
1	司机室各仪表，司机操纵控制手柄，各扳钮开关，电子制动阀EBV，紧急放风阀，接线端子柜，保安设备，司机室各辅助设备
2	各牵引通风机，复合冷却通风机组
3	机械间门，各电器柜门，主、辅变流器柜及外观
4	TCMS、ATP装置，电器控制箱，受电弓、主断功能模块，自动过分相装置
5	空气压缩机，空气干燥系统，空气管路柜，各风缸
6	信号、防护用具及随车工具

（4）HXD_3型电力机车段内机车车顶检查项目（实行专检专修的除外）见表2-6。

表2-6　HXD_3型电力机车段内机车车顶检查项目（实行专检专修的除外）

序号	部　件
1	受电弓，主断路器及接地开关，车顶其他设备

六、机车换班站检查项目

（1）HXN_5型内燃机车换班站检查项目见表2－7。

表2－7 HXN_5型内燃机车换班站检查项目

职名	部位	检查内容
本务司机	下部	机车排障器、车钩三态、制动系统各风管路及塞门位置、闸瓦缓解间隙、轴箱弹簧及衬板、空气干燥器，光电速度传感器、螺纹防缓线
学习司机（非操纵司机）	上部	水箱水位、空压机、防护用品

（2）HXD_3型电力机车换班站检查项目见表2－8所示。

表2－8 HXD_3型电力机车换班站检查项目

职名	部位	检查内容
本务司机	上部	目测受电弓状态；控制电器柜、空气制动柜、各辅助机组、空气压缩机工作状态及各保护电器开关位置；行车安全装备。
学习司机（非操纵司机）	下部	轴箱温度、轮缘润滑装置、轴箱弹簧、制动盘可见部分、砂箱、轴箱拉杆、牵引杆吊索处在松缓状态，车钩及制动主管的连结、折角塞门状态

学习笔记

七、机车全面检查路线

1. HXN_5型机车全面检查路线（见图2－1）

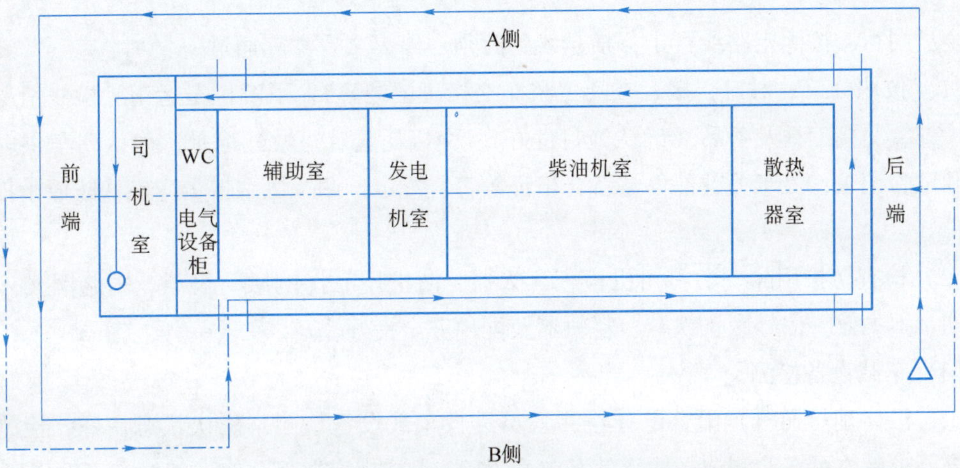

图2－1　HXN_5型机车全面检查路线

说明：（1）始点△；终点○；——检查走行线；-----空走走行线；——地沟走行线。

（2）机车后端部△——右（A）侧走行部——机车前端部——左（B）侧走行部——车底部——司机室——走廊两侧——司机室——高低压动作试验——制动机试验。

2. HXD_3型机车全面检查路线（见图2－2）

图2－2　HXD_3型机车全面检查路线

说明：（1）始点△；终点○；——检查走行线；-----空走走行线；-·-·—地沟走行线。

（2）机车Ⅱ端部△——右侧走行部——机车前部——左侧走行部——车底部——司机室——机械间走廊两侧——司机室——高低压试验——制动机试验。

八、接车作业

（一）段内接车

全员同行，按固定路线行走，横越线路时须一停、二看、三通过。

（1）按职分工、对口交接。查阅“机车交接班记录簿”，了解机车运用、检修情况，领取、检查、交接工具及备品（确认施封良好），交接耗电量并做好记录。确认列车供电系统检查和试验记录，机车关键部件整备合格证等符合规定。调车机乘务员应确认防撞土挡装置作用良好。

（2）检查防护用品。学习司机检查灭火器、防护用品（响墩、火炬、短路铜线）齐全不超期、不失效。信号旗、铁鞋、复轨器及配件齐全良好。

（3）车载设备检测。

①司机（地检司机）配合电务检测人员进行车载设备检测，确认状态良好、检测合格证符合要求后方可在检测记录簿上签名（盖章）。未按规定取得合格证的机车不准出段。

②车载设备虽经检测技术状态良好，但检测后在库内停留超过 24 h 的机车，出库前须重新检测、签发合格证。

③车载设备检测合格证随机车全程携带和交接。值乘司机办理交接时，须填写值乘日期、车次及设备交接和文件转储情况，需要说明的事项填写在情况摘要栏。车载设备检测合格证不得随意涂改，若途中丢失，司机应在“机车交接班记录簿”登记。

④电务检测人员作业前，司机须确认单阀处全制动位。检测过程中，司机须在司机位置负责操作制动机、主手柄和换向手柄，严禁其他人员操作。检测完毕后，司机应再次确认机车单阀置于全制动位，主手柄置于零位，换向手柄置于中立位。

（4）输入 IC 卡揭示。

①司机输入 IC 卡数据、库内作业车次。学习司机读手持设备揭示，司机有声确认 IC 卡数据。单班单司机值乘时，由司机读手持设备揭示并核对。

②揭示发送失败时应重新插卡发送。仍不能正常发送时，须及时通知车载设备检测人员处理，否则严禁出段。

③核对 LKJ 数据版本号，不是最新版本号时不得出库，应及时报告派班室联系电务检测工区更换。

（二）车站接车

全员同行，按固定路线行走，横越线路时须一停、二看、三通过。

（1）接班乘务员了解机车状态，交班乘务员填记“交接班记录簿”，交接耗电、机车运用状态、故障情况、行车安全装备质量情况及工具备品，清扫司机室。转储数据，确认文件完整。交接作业完毕，接班司机输入 IC 卡数据，学习司机读手持揭示，司机有声确认 IC 卡数据。单班单司机值乘时，由司机读手持揭示并核对。揭示发送失败时应重新插卡发送。仍不能正常发送时，通知列车调度员，按列车调度员指示办理。

货物列车交接班完毕后，接班司机要及时报告车站。

对运行在计划施工结束并开通使用线路上的机车，司机发现 LKJ 数据版本与前方计划施工结束版本不一致时，报告车站值班员。

（2）对于旅客列车，接班乘务员应在列车到达前在机车停车位置处的安全白线以内，面向来车方向成45°立正站立；电力机车乘务员须目视受电弓、接触网状态。

（3）机车需转线挂头、调车作业时，由交班司机负责；交接班后，由接班司机负责。到达机车有质量问题时，交班司机已离开需入库时由接班司机负责。

（4）车站换班检查项目。

①内燃机车换班站检查项目。

司机检查机车排障器，制动系统各风管路及塞门位置，轮对迟缓标记，螺纹防缓线，轴箱温度、轴箱弹簧及衬板，闸瓦与轮对踏面的缓解间隙（闸片与轮盘间隙），闸瓦及穿销，制动缸活塞行程，空气干燥器，速度传感器，蓄电池箱锁闭状态，车钩及制动主管的连接，折角塞门状态。

学习司机检查各部油、水位，油、水管路有无泄漏，变速箱及主发电机、启动（辅助）电机、励磁机及空气压缩机等主要电机的轴承温度，行车安全装备及防护用品。

②电力机车换班站检查项目。

司机检查牵引控制电器柜，空气制动控制柜，各辅助机组，空气压缩机工作状态及各保护电器开关位置，高压电器柜，主变压器油温、油位和行车安全装备，目测受电弓状态。

学习司机检查轴箱温度，轮缘润滑装置，轴箱弹簧，制动盘可见部分，砂箱，轴箱拉杆，牵引杆吊索处在松缓状态，闸瓦与轮对踏面的缓解间隙（闸片与轮盘间隙），闸瓦及穿销，车钩及软管的连接，折角塞门状态。

（5）接班司机应确认 LKJ 工况显示与换向手柄位置一致。

（6）单班单司机值乘的货物列车在规定的换乘站，换班时间在 3 min 以内时，交班及接班司机均不检查机车；LKJ 只输入接班的司机代号，不转储文件（跨段继乘或需重新输入 IC 卡揭示数据除外）；时间不允许时，可不输入司机代号，在前方停车站停车后再输入。具备换班后立即开车条件时，由车站提前通知交班司机，交班司机向接班司机传达；换班后询问车站确认不能立即开车时，进行制动机简略试验、机车检查。

（7）遇机车砂量不足，需在继乘点补砂时，由交班司机负责。交班机班为单班单司机时，由接班、交班共同负责。

（8）途中换班或换乘时，交班乘务员将接到的有关调度命令或口头指示向接班或换乘的乘务员交接清楚。

（9）车站交班时，由交班乘务员对机车司机室进行保洁清扫。

九、机车检查作业

1. HXN_5型内燃机车检查标准（见表 2－9）

表 2－9 HXN_5型内燃机车检查标准

作业项目	检查部位	检查内容及要求	检查方法
后端部	1. 外观检查	头灯、标志灯外观完好。路徽、型号清晰。扶手杆安装牢固，下筋板无开焊	目视、手检
	2. 重联装置	重联线安装座锁闭作用良好	目视、手检
	3. 车钩及软管	（1）制动缸均衡管、总风缸均衡管、软管未老化，角度正确（45°、90°）。 （2）安装牢固，水压试验时间不超过 3 个月。 （3）连接器无缺陷，胶圈未破损、未倒置，防尘堵齐全	目视、手检
		（1）钩提杆未变形，连接杆未开焊。提钩自动开放、无抗劲。 （2）车钩三态工作正常，车钩全开位为 220 ~ 250 mm，钩体、钩舌各部无裂纹。钩舌销锁无折损，开口销完好（开度为 60°），径向间隙 1 ~ 4 mm。钩舌锁闭作用良好。 （3）车钩中心线距轨面垂直高度为 820 ~ 890 mm	目视、手检
右侧走行部	4. 右后排障器内部	（1）撒砂阀各塞门位置正确，制动管、总风缸均衡管、制动缸均衡管各塞门关闭严密、未泄漏。 （2）工作灯插座、罩严密	手检、耳听、目视
	5. 右 6 基础制动装置	（1）制动缸风管未泄漏，制动摆杆无裂纹。	目视
		（2）基础制动装置安装牢固，闸瓦钎子未丢失，闸瓦无偏磨、到限（闸瓦任意一点厚度不小于 13 mm）。闸瓦与车轮踏面缓解间隙 6 ~ 9 mm。	目视、测量
		（3）制动缸来风管接头未松漏	目视、测量
	6. 后制动管紧急放风阀	放风阀外观良好，未泄漏	目视
	7. 右 6 轴箱	（1）轴箱衬板无裂纹，未超限（达 3 mm 磨耗极限时更换）。 （2）轴头端盖螺栓防缓片正常，密封堵未丢失，轴承无油脂泄漏	目视
	8. 垂向减振器	垂向液压减振器未漏油，橡胶衬套未龟裂	目视
	9. 干式润滑装置	干式润滑装置部件齐全，碳块位置正确，未破损	目视
	10. 横向减振器	转向架上部横向减振器未漏油，橡胶衬套未龟裂	目视
	11. 接地连线	转向架与接地车体连线良好，未松动	目视、手检
	12. 右 5 基础制动装置	（1）同右 6 基础制动装置检查内容及要求。 （2）增检项点：停放制动缓解拉环未折损、未变形，风管接头未泄漏	手检、目视
	13. 纵向减振器	转向架上部纵向减振器未漏油，安装螺栓防缓线清晰，橡胶衬套未龟裂	目视
	14. 转向架截断塞门	制动缸截断塞门、停放制动截断塞门在开放位。胶管及接头未漏风，卡子未松动	手检、目视

续表

作业项目	检查部位	检查内容及要求	检查方法
右侧走行部	15. 右5轴箱	同右6轴箱检查内容及要求	手检、目视
	16. 右4基础制动装置	同右5基础制动装置检查内容及要求	手检、目视
	17. 右4轴箱	同右6轴箱检查内容及要求	手检、目视
	18. 垂向减振器	垂向减振器未漏油，橡胶衬套未龟裂	目视
	19. 接地连线	轴箱与转向架接地连线良好，未松动	手检、目视
	20. 总风缸及附近	（1）空压机排油阀、柴油机上水管、油底壳放油管未渗漏	手检、目视
		（2）总风缸空气精滤器安装牢固、排污阀作用良好，总风缸自动排水阀作用良好，加热器作用良好。总风缸塞门开放	手检、目视
		（3）总风缸安装牢固、支架无裂纹，总风缸盲孔未漏风。安全阀未泄漏，各阀门位置正确	目视
		（4）油箱油表清晰未泄漏，油箱满油，加油口盖安装牢固，紧急停机按钮安装牢固、外观良好	手检、目视
		（5）总风缸安全阀未泄漏、铅封完好	手检、目视
	21. 空气干燥器辅助滤清器	空气干燥器各止阀位置均在开放位，湿度指示剂显示正常（蓝色），下部警告孔未泄漏。辅助空气滤清器安装牢固，排污阀作用良好	目视
	22. 右3轴箱	（1）同右6轴箱检查内容及要求 （2）增检项点：光电速度传感器安装牢固，接线良好	目视
	23. 垂向减振器	垂向减振器未漏油，安装螺栓防缓线清晰，橡胶衬套未龟裂	目视
	24. 右3基础制动设置	同右6基础制动装置检查内容及要求	目视
	25. 车梯子	车梯子未开焊	目视
	26. 车架底部	工作灯插座、罩严密	目视
	27. 纵向减振器	转向架上部纵向减振器未漏油，安装螺栓防缓线清晰，橡胶衬套未龟裂	目视
	28. 车架底部	各风管塞门未泄漏，位置正确	目视
	29. 转向架截断塞门	制动缸截断塞门、停放制动截断塞门在开放位。胶管及接头未漏风，卡子未松动	目视、手检
	30. 右2轴箱	（1）同右6轴箱检查内容及要求。 （2）增检项点：光电式转速传感器接线良好，安装牢固	目视
	31. 右2基础制动装置	同右6基础制动装置检查内容及要求	目视
	32. 干式润滑装置	安装牢固，碳块位置正确，未破损	目视

续表

作业项目	检查部位	检查内容及要求	检查方法
右侧走行部	33. 右1轴箱	同右6轴箱检查内容及要求	目视
	34. 前制动管紧急放风阀	前制动管紧急放风阀安装牢固，未泄漏	目视
	35. 垂向减振器	垂向液压减振器未漏油，橡胶衬套未龟裂	目视
	36. 右1基础制动装置	同右6基础制动装置检查内容及要求	目视
	37. 车架底部	各风管塞门未泄漏，位置正确	目视
	38. 排障器及扫石器	（1）排障器未变形、未开焊。 （2）扫石器安装牢固，胶皮完好未变形，距轨面高度为30 mm	目视、测量
	39. 右前排障器内部	制动缸均衡管各塞门关闭严密，未泄漏。蓄电池充电插座及工作灯未破损、安装牢固	目视、手检
前端部	40. 外观检查	（1）头灯、雨刷、大玻璃、左右标志灯外观完好。砂箱盖、各灯罩齐全、未破损。路徽、机车型号清晰 （2）裙板未变形，脚踏板合页良好、无裂纹	目视
	41. 重联装置	重联插座牢固、锁闭作用良好	目视、手检
	42. 车钩及软管	同后端部车钩及软管检查内容及要求	目视、手检
左侧走行部	43. 左前排障器内部	（1）制动管、总风缸均衡管、制动缸均衡管各塞门关闭严密、未泄漏 （2）工作灯插座、罩严密。蓄电池充电插座、罩严密	目视、手检
	44. 左1基础制动装置	同右6基础制动装置检查内容及要求	目视
	45. 左1轴箱	同右6轴箱检查内容及要求	目视
	46. 垂向减振器	同右4垂向减振器检查内容及要求	目视
	47. 横向减振器	转向架上部横向液压减振器未漏油，橡胶衬套未龟裂	目视
	48. 干式润滑装置	安装牢固，碳块位置正确，未破损	目视
	49. 左2单元基础制动装置	同右5基础制动装置检查内容及要求	目视
	50. 接地连线	转向架与车体接地连线良好，未松动	目视、手检
	51. 纵向减振器	转向架上部纵向液压减振器未漏油，橡胶衬套未龟裂	目视
	52. 左2轴箱	同右6轴箱检查内容及要求	目视
	53. 左3单元基础制动装置	同右5基础制动装置检查内容及要求	目视
	54. 接地连线	轴箱与转向架接地连线良好，未松动	目视、手检
	55. 左3轴箱	同右6轴箱检查内容及要求	目视
	56. 左3垂向减振器	垂向减振器未漏油，安装螺栓防缓线清晰，橡胶衬套未龟裂	目视

续表

作业项目	检查部位	检查内容及要求	检查方法
左侧走行部	57. 蓄电池及附近	（1）紧急停机按钮外观良好。	目视
		（2）加油口盖安装牢固，油箱油表清晰。	目视
		（3）确保蓄电池门安装螺栓未松动、未丢失。接线盒安装牢固。	目视
		（4）污液箱排污塞门关闭严密、未泄漏，排污管连接未泄漏，排污堵未松动。	目视、手检
		（5）工作灯插座、罩严密。燃油箱油位监控仪接线良好	目视
	58. 左 4 垂向减振器	垂向液压减振器未漏油，安装螺栓防缓线清晰，橡胶衬套未龟裂	目视
	59. 左 4 轴箱	同右 6 轴箱检查内容及要求	目视
	60. 左 4 基础制动装置	同右 6 基础制动装置检查内容及要求	目视
	61. 纵向减振器	转向架上部纵向减振器未漏油，橡胶衬套未龟裂	目视
	62. 左 5 轴箱	同右 2 轴箱检查内容及要求	目视
	63. 左 5 基础制动装置	同右 6 基础制动装置检查内容及要求	目视
	64. 干式润滑装置	安装牢固，碳块位置正确，未破损	目视
	65. 左 6 垂向减振器	垂向液压减振器未漏油，橡胶衬套未龟裂	目视
	66. 左 6 轴箱	同右 6 轴箱检查内容及要求	目视
	67. 左 6 基础制动装置	同右 6 基础制动装置检查内容及要求	目视
	68. 车钩及缓冲装置	钩尾框有无裂纹，钩尾框穿销无裂纹、未变形	目视、锤检
	69. 第 6 牵引电机	牵引电动通风罩未破损，安装良好，牵引电动机引线连接牢固，未过热，无老化现象。引线夹板未折损，接地线连接未松动，轴承部未变色或掉漆	目视、锤检
	70. 第 6 齿轮箱检查	齿轮箱磁性放油堵紧固、未泄漏、未松动，铅封未破损，箱体无裂纹、未变形，油封未泄漏，合口未漏油、未松动	目视
	71. 第 6 牵引电机悬挂装置	电机吊杆无裂纹，上下销橡胶衬套未老化、未破损	目视、锤检
	72. 后牵引缓冲装置	牵引中心盖无裂纹、未变形、安装牢固，前后牵引垫及左右侧挡橡胶未龟裂，位置正确；衬套及衬套盖板装配良好	目视、手检
	73. 第 5 牵引电机	同第 6 牵引电机检查内容及要求	目视、锤检
	74. 第 5 齿轮箱	同第 6 齿轮箱检查内容及要求	目视
	75. 第 5 牵引电机悬挂装置	同第 6 牵引电机悬挂装置检查内容及要求	目视
	76. 第 4 动轮及抱轴箱	同第 6 动轮及抱轴箱检查内容及要求	目视

续表

作业项目	检查部位	检查内容及要求	检查方法
左侧走行部	77. 第4牵引电机	同第6牵引电机检查内容及要求	目视
	78. 第4齿轮箱	同第6齿轮箱检查内容及要求	目视
	79. 第4牵引电机悬挂装置	同第6牵引电机悬挂装置检查内容及要求	目视
	80. 燃油箱底部	（1）确保燃油箱未泄漏，燃油箱清扫孔盖未漏油，底部护板未开焊。 （2）燃油箱放油堵未松动	目视
	81. 大线卡子	各大线卡子安装牢固	目视、手检
	82. 第3牵引电机悬挂装置	同第6牵引电机悬挂装置检查内容及要求	目视
	83. 第3牵引电机	同第6牵引电机检查内容及要求	目视
	84. 第3齿轮箱	同第6齿轮箱检查内容及要求	目视
	85. 第2牵引电机悬挂装置	同第6牵引电机悬挂装置检查内容及要求	目视
	86. 第2动轮及抱轴箱	同第6动轮及抱轴箱检查内容及要求	目视
	87. 第2牵引电机	同第6牵引电机检查内容及要求	目视
	88. 第2齿轮箱	同第6齿轮箱检查内容及要求	目视
	89. 前端牵引缓冲系统	同后端牵引缓冲系统检查内容及要求	目视、手检
	90. 第1牵引电机悬挂装置	同第6牵引电机悬挂装置检查内容及要求	目视
	91. 第1动轮及抱轴箱	同第6动轮及抱轴箱检查内容及要求	目视
	92. 第1牵引电机	同第6牵引电机检查内容及要求	目视
	93. 第1齿轮箱	同第6齿轮箱检查内容及要求	目视
	94. 车钩及缓冲装置	钩尾框无裂纹。钩尾框穿销无裂纹、未变形	目视
机车上部左侧	95. 前端左侧上下车脚踏板附近	（1）各室门关闭严密，锁闭良好。 （2）栏杆未弯曲、未变形、未开焊。 （3）安全链在锁闭位	目视、手检
	96. 电台间及附近	（1）无线通信转换盒TAL、车载电台、DTB电源转换箱、监控设备、电源（RPS）、协议转换器（PTP）、事件记录仪（ER）、以太网转换器（ESW）、重联调制解调器（DBM）、集成处理器模块（IPM）、全球定位系统（GPS）、多通道集成装置（MCR）、司机室综合无线电设备（CIR）、螺栓防缓标记无位移，接线未破损，插头防缓标记无位移，内部清洁、无异物。 （2）通风机“V”形网未变形、未堵塞	目视、手检

续表

作业项目	检查部位	检查内容及要求	检查方法
机车上部左侧	97. CA4	（1）柜门平整。锁闭器、主控门手柄作用良好。3个滤波电容指示灯安装牢固。 （2）门联锁安装牢固，接线良好。 （3）柴油机启动限流电阻R3安装牢固，未烧损，接线未松脱，蓄电池充电插座熔断器MF10完好、安装牢固。预润滑油泵断路器PLCB在工作位。 （4）主电路放电电阻安装牢固，未烧损。 （5）燃油泵接触器FPC、柴油机启动程序接触器GSS、预润滑接触器PLC外观无异状，灭弧装置牢固、未破损。 （6）蓄电池正、负极（BJ+、BJ-）接触器、线圈未烧损，接线未脱落。 （7）逆流二极管RC线圈未烧损，接线未脱落。 （8）蓄电池充电控制器BCC、辅助发电机控制器AAC、散热器风扇控制器RFC1和RFC2、电机电流传感器安装牢固，线圈未烧损，接线未松脱。 （9）DB1A+、DB2A+、DB3A+各接线安装牢固，插头防缓标记无位移。FDCR1、FDCR2滤波电容放电继电器，安装牢固，线圈未烧损，接线未松脱	手检、目视
	98. CA5	（1）两个滤波电容放电指示器灯安装牢固。电压衰减模块接线安装牢固，插头防缓标记无位移。 （2）逆变器接线安装牢固，插头防缓标记无位移，汇流条未裂损。主整流器外观良好，整流元件未烧损，接线未松脱。 （3）电机电流传感器及主发输出电流传感器安装牢固，线圈未烧损，接线未松脱。 （4）启动逆变器继电器C5R和C6R外观完好，触头未烧损，接线未松脱	目视、手检
	99. 交流发电机室左侧附近	（1）栏杆未弯曲、未变形、未开焊。 （2）各室门锁闭装置良好	目视
	100. 交流发电机室左侧	电阻制动栅百叶窗齐全、未变形、未破损	目视
	101. 柴油机室、左侧附近	（1）栏杆未弯曲、未变形、未开焊。 （2）各室门锁闭装置良好	目视
	102. 柴油机室左侧	（1）右排气总管未泄漏，卡子未松脱，稳压箱接口螺栓齐全，防缓标记无位移。 （2）右1~8缸各动力组未泄漏，减压塞作用良好。喷油泵电磁阀接线牢固未破损，燃油进、回油管和喷油器回油管未泄漏，高压油管上、下座未裂漏。 （3）盘车机构端盖螺栓未松缓，柴油机扭杆无裂纹，安装螺栓防缓标记无位移。 （4）地板接线盒插头未松脱。 （5）柴油机座弹性支承螺栓防缓标记无位移。 （6）灭火器放置牢固，各部完好，铅封未破损，校验不超期。	

续表

作业项目	检查部位	检查内容及要求	检查方法
机车上部左侧	102. 柴油机室左侧	（7）右增压器出水管未泄漏（底座焊波无裂纹，安装螺栓未松动，引射管卡子未松脱），传感器安装牢固未松动。 （8）右中冷器各安装螺栓未松动，进出水管及滴漏孔未泄漏。 （9）主机油泵安装牢固、未泄漏，油管卡子未裂损，螺栓防缓标记无位移。 （10）燃油精滤器安装牢固，端盖、油管接头未泄漏，排气阀、回油阀关闭严密、未泄漏。 （11）机油滤清器端盖螺栓防缓标记无位移，进出油管法兰接口未泄漏，回油阀位置正确（右侧检查）	手检、目视
	103. 燃烧空气室及冷却室左侧附近	（1）栏杆无弯曲、无开焊。 （2）各室门锁闭装置良好	目视
	104. 燃烧空气室	（1）“V”形滤网未变形、未堵塞。 （2）旋风筒式滤清器未破损、未堵塞，卡子安装牢固，排尘风道接口胶垫未老化、未破损。 （3）内部清洁无异物，接口胶垫未丢失、未破损，门锁闭良好。 （4）袋式空气滤清器表面未堵塞，纤维未破损，卡带安装牢固。 （5）机油热交换器油管、水管卡子未裂损，法兰接口未泄漏，螺栓防缓标记无位移	手检、目视
	105. 冷却室左侧	（1）“V”形滤网未变形、未堵塞；冷却风扇叶片无裂纹。 （2）冷却室防护网安装螺栓牢固，防护网未破损，空气散热管卡子螺栓防缓标记无位移。 （3）自动排水阀安装牢固，未渗漏，手动截止阀在开放位。 （4）自动百叶窗电磁阀、水流控制电磁阀、总风缸排泄电磁阀各管接头未松漏，各塞门在开放位置。 （5）灭火器放置牢固，各部完好，铅封未破损，校验不超期	手检、目视
	106. 砂箱孔盖及照灯附近	（1）近照灯、标志灯、后头灯，外罩齐全未破损。 （2）砂箱孔盖关闭严密，内部清洁无异物，砂量充足，砂质纯净	目视
后端面	107. CA9	（1）排尘风机断路器（EMB）处闭合位，接线完好。 （2）空气压缩机接触器动作灵活、无卡滞，安装螺栓防缓标记无位移，接线牢固、未烧损。 （3）检查连接器各接线、插头及线排接线未松动，未老化	手检、目视
机车上部右侧	108. 燃烧空气室及冷却室右侧附近	（1）栏杆未弯曲、未变形、未开焊。 （2）各室门锁闭装置良好	手检、目视
	109. 冷却室右侧	（1）撒砂电磁阀、总风压力传感器风管接头未松漏，塞门在开放位。空气压缩机检查同左侧。空气压缩机油缸加油口盖关闭严密，油位在绿区。热机阀安装牢固，联通管未松动。安全阀未泄漏。空压机轴承加油堵及罩盖齐全、完好。 （2）冷却间防护网安装螺栓齐全，防护网未破损。 （3）牵引电机通风机旋风筒式滤清器外部清洁、无异物。 （4）散热器风扇电机轴承加油堵及罩盖齐全、完好	手检、目视

续表

<table>
<tr><th>作业项目</th><th>检查部位</th><th>检查内容及要求</th><th>检查方法</th></tr>
<tr><td rowspan="6">机车上部右侧</td><td>110. 燃烧空气室右侧</td><td>同燃烧空气室检查内容及要求</td><td>手检、目视</td></tr>
<tr><td>111. 柴油机室右侧</td><td>（1）燃油粗滤器、燃油加热器、燃油温度控制阀安装牢固，各油管接头未松漏。燃油泵安装牢固，各管路状态良好，未泄漏。燃油系统各管路、管卡未松动，软管未老化、未破损，接头未泄漏。预润滑泵安装牢固，油管接头未松漏。
（2）水箱水位在规定范围内，容积为（1 550 ± 80）L。表管清洁、未破损，水表止阀在开放位，排水阀在关闭位，注水管路及膨胀水箱压力口盖状态良好。旗形排气阀、上水阀关闭严密、未泄漏。机油滤清器检查同左侧，回油阀在关闭位。
（3）柴油机端盖各油水管路、联接法兰未泄漏。管卡子未松动。
（4）增压器未裂漏，检查同左侧。
（5）中冷器检查同左侧。
（6）油气分离器安装带及卡子牢固，未裂损，排气胶套未老化、未破损，上排放管及下回油管未泄漏。
（7）主机油泵检查同左侧。
（8）自动排水阀和手动排水阀未泄漏。
（9）机油油尺未丢失，机油容量为（1 625 ± 80）L，油位符合标准，加油口盖作用良好。
（10）燃油调节阀、燃油压力传感器、快拆接头安装牢固，备帽、接线未松脱，管路未泄漏。
（11）燃油回油阀在规定位置。
（12）天棚盖定位销未脱槽，顶盖锁紧装置处闭合位。
（13）左 1 ~ 8 各动力组同右侧</td><td>手检</td></tr>
<tr><td>112. 主辅发电机</td><td>（1）柴油机启动转换开关 CTS 接线端子未变色、未烧损。励磁电阻 R2、R2A 未烧损。
（2）主辅发电机安装螺栓防缓标记无位移。
（3）主辅发电机通风冷却波纹管未破损。
（4）主辅发电机接线端子未烧损、未变色</td><td>手检、目视</td></tr>
<tr><td>113. CA3</td><td>（1）2 个滤波电容放电指示灯安装牢固。
（2）逆变器接线安装螺栓防缓标记无位移，插头防缓标记无位移。
（3）相位熔断器未烧损、未变色，汇流条未裂损，滤波电容未变色</td><td>手检、目视</td></tr>
<tr><td>114. CA2</td><td>（1）柜门平整。锁闭器、主控门手柄作用良好。
（2）1 个滤波电容指示灯安装牢固。
（3）接地检测滤波电容 ACG，门电路驱动电源断路器 GP1、GP2、GP3，断路器闭合，接地检测装置 GMM，电阻未烧损。牵引电动机控制器 TMC、牵引发电机控制器 TAC、牵引通风机控制器 TBC。励磁上电继电器 FFR、大气压力传感器 BAP、主发接地保护板 TAP、柴油机控制单元 ECU、逻辑电源 LPS、蓄电池维修闸刀 MBD 无烧损，在闭合位。辅助室空气滤清器罩盖（3 个）卡子，安装牢固，接线及插头未松动、未丢失</td><td>手检、目视</td></tr>
</table>

续表

作业项目	检查部位	检查内容及要求	检查方法
机车上部右侧	115. 卫生间	（1）卫生器具安装牢固，未破损。 （2）通风口畅通，水管路及止阀未破损、未泄漏	目视
	116. 卫生间附近	（1）栏杆未弯曲、未开焊。 （2）各室门锁闭装置良好	手检、目视
司机室	117. 司机室右侧门	（1）门锁闭器作用良好，密封胶条及玻璃完好。 （2）刮雨器作用良好，胶皮未破损、未脱落，风管未泄漏	手检、目视
	118. 司机室后墙及 CA1	（1）空调出风口页片未裂损、未变形。 （2）CA1 门锁闭器作用良好。折叠柜内无异物、无异味，各电器未烧损、未变色，插头防缓标记无位移，输入/输出板 CIO 控制盒锁闭器锁闭良好，各继电器复原弹簧无位移、未丢失。 （3）柴油机控制面板上各断路器及控制开关完好，位置指示标记清晰。 （4）蓄电池闸刀 BS（断开位）安装牢固、未烧损，接线未松脱，安装螺栓防缓标记无位移	手检、目视
	119. 司机室右侧及副操纵台	（1）司机室灯。副操纵台风扇及控制开关外观良好，开关及旋钮在正确位置，机车速度表良好，重联紧急停燃油开关在正确位置。 （2）重联电话、机车信号插头未松脱。 （3）计量表调光器、辅助智能显示器、LKJ－2000 监控显示屏外观完好。 （4）后头灯开关、辅助灯、标志灯开关完好，位置正确，电台显示屏外观完好。 （5）副操纵台电空制动阀自、单阀位置正确，定位销在工作位。 （6）导向轴撒砂开关、撒砂开关、风笛开关完好。 （7）司机控制器主手柄置“惰转”位。换向手柄置“中立”位，机械联锁作用良好。 （8）警惕器复位按钮完整，作用良好。 （9）司机无线电听筒完好，安装座未松动。 （10）蓄电池移车按钮；主发励磁断路器、电阻制动断路器在断开位，计量表灯开关、监控开关、电热玻璃开关完好，在规定位置。 （11）紧急制动阀手柄在规定位置。 （12）刮雨器开关和操纵台开关完好。 （13）侧窗完整，拉动灵活，锁闭作用良好，后视镜良好。 （14）侧壁加热器防护罩完好未破损。 （15）风挡玻璃清洁、未破损，前遮阳板完整。 （16）司机座椅稳固，作用良好，未破损。 （17）冰箱、烤箱、电炉子插头良好	手检、目视
	120. 司机室左侧及主操纵台	（1）打印机、音频盒、警报盒、窗加热指示器完好，未破损。 （2）主操纵台检查项点同副操纵台。 （3）增检项点：监控显示屏转换开关，2 号智能显示器状态，空气制动风压表指示正确、校验不超期，控制断路器置闭合位，楼梯灯开关、空调开关完好，在规定位置，74 V 插座完好，备用空气制动控制器安装牢固、外观良好，停放制动阀置作用位，停车制动指示灯未破损、显示正确	手检、目视
	121. 司机室左侧门	同右侧司机室门检查内容及要求	

2. HXD_3型电力机车检查标准

（1）HXD_3型电力机车车体检查标准（见表2－10）

表2－10　HXD_3型电力机车车体检查标准

部位	顺号	部件名称	检查内容及要求	检查方法
Ⅱ端司机室外侧正面	1	上部	大灯、前窗玻璃、雨刷、路徽，未破损、未开焊、未丢失、未变形	目视
Ⅱ端司机室外侧正面	2	中部	副灯、标志灯、玻璃完整，灯泡良好。扶手未开焊	目视
Ⅱ端司机室外侧正面	3	重联插座	插座及盖作用良好。插座清洁、牢固	目视、手检
Ⅱ端司机室外侧正面	4	制动管软管 总风联管 制动平均管软管	各折角塞门手柄动作灵活，接头未泄漏，安装座U形卡子良好，螺栓紧固。 软管未硬化、未老化、无破裂和凸凹现象，水压试验时间不过期，软管安装卡子完好，螺栓紧固，软管连接器未开焊、无裂纹，软管皮圈未断裂，软管角度正确，做放风试验，风管畅通。 软管试压为3个月。软管安装角度为45°	目视、测量、手检
Ⅱ端司机室外侧正面	5	车钩	提杆座牢固，未开焊，钩提杆未弯曲，未变形，在防跳槽内不得晃动，钩尾扁销及钩身托板螺栓齐全、紧固。均衡梁与吊杆不得有裂纹。钩头、钩舌锁铁、钩舌、钩耳、钩舌销孔、钩耳销孔不得有裂纹，符合相关要求。 钩舌销未断裂、未弯曲，车钩“三态”作用良好，开锁、闭锁作用灵活，符合限度。 钩头与冲击座间隙为80 mm；车钩中心水平线与轨面高度为815～890 mm；车钩开度开锁时为220～250 mm；闭锁时为110～130 mm	目视、测量、手检
Ⅱ端司机室外侧正面	6	车体外观	车体侧面平整，未变形，车体吊装孔盖齐全，安装良好	目视
车体右侧	7	排障器内侧	机车自动信号装置及自动过分相装置良好，安装架螺栓紧固，接线未松脱。 排石器安装良好，符合标准，胶皮未破损。 排石器距轨面为70～80 mm；扫石胶皮距轨面为10～15 mm	目视、测量
车体右侧	8	司机室门窗	门、窗完整未变形。 扶手、脚梯安装牢固，未变形、未开焊	目视、手检
车体右侧	9	右4砂箱	砂箱安装牢固，箱体未变形，未开焊。 砂箱盖完整，扣锁良好，关闭严密。 箱内砂子干燥，无异物，颗粒均匀下砂，沙箱加热装置外观良好，电线未断线，管路外观良好，未堵塞，不偏斜，距轨面高度符合标准。 撒沙胶皮管距轨面高度不得低于25 mm	目视、手检

续表

部位	顺号	部件名称	检查内容及要求	检查方法
车体右侧	10	右6动轮	轮盘式制动单元安装牢固，螺栓未松动，单元制动缸未泄漏，缓解良好，活塞杆复位时，不得有卡滞现象，单元制动缸间隙调整器良好，制动盘不得有明显的台阶沟槽。 踏面清扫制动装置，安装螺栓牢固，制动器外观良好，闸瓦无裂纹、不到限。 制动盘摩擦面的摩擦限度为每侧5 mm。 注：检查时不得敲打制动盘的任何部位。 动轮踏面未剥离、无擦伤，轮箍无裂纹，轮辐、轮辋无裂纹， 轴箱状态良好，内外螺栓牢固，未漏油，无裂纹。 轴箱拉杆连体状态良好，橡胶关节未老化、无裂纹，前后弹簧装置无裂纹。 速度传感器大线未破损、未松脱。 轮缘滑条支架安装牢固，滑条压力均匀，无卡滞现象	目视、锤检、耳听
	11	垂直油压减震器	套筒及座无裂纹，未漏油，安装螺栓齐全、紧固	目视、手检
	12	高圆弹簧及垫片	无裂纹，未脱落	目视、锤检、耳听
	13	右2侧向限制器	安装螺栓未松动，安装座未开焊	目视
	14	右5动轮	同第10项	目视、锤检、耳听
	15	第二转向架右侧侧梁上接线及管路、接地线	构架上接线未破损，接头未松动，管路未泄漏，卡子紧固。 接地线未断股、未松脱	目视、手检
	16	右4动轮	同第10项	目视、锤检、耳听
	17	右3砂箱	同第9项	目视、锤检、耳听
	18	主电路、控制电路插座	安装座未开焊，螺栓紧固，压盖严密，座芯洁净，未烧损。接线未破损，未松脱	目视、手检
	19	变压器储油箱	箱体未开焊，未变形，未泄漏。管路安装螺栓紧固 油箱外部状态良好，管路、管接头未漏油，放油阀手轮铁丝未断开，油流继电器指针位置正确，盖未丢失	目视、锤检
	20	右2砂箱	同第9项	
	21	右3动轮	同第10项	目视、锤检、耳听

续表

部位	顺号	部件名称	检查内容及要求	检查方法
车体右侧	22	第二转向架右侧侧梁上接线及管路	构架上接线未破损，接头未松动，管路未泄漏，卡子紧固	目视、手检
	23	右 2 动轮	同第 21 项，轮缘滑条支架安装牢固，滑条压力均匀，无卡滞现象	目视、锤检、耳听
	24	垂直油压减震器	同第 11 项	目视、手检
	25	右 1 侧向限制器	同第 13 项	目视
	26	高圆弹簧及垫片	同第 12 项	目视、锤检、耳听
	27	右 1 动轮	同第 10 项	目视、锤检、耳听
	28	行灯插座	同第 18 项	目视、手检
	29	右 1 砂箱	同第 9 项	目视、手检
Ⅰ端司机室外侧正面	30	上部	同第 1 项	目视
	31	中部	同第 2 项	目视
	32	重联插座	同第 3 项	目视、手检
	33	制动管软管 总风联管 制动平均管软管	同第 4 项	目视、测量、手检
	34	车钩	同第 5 项	目视、测量、手检
车体左侧	35	车体外观	同第 6 项	目视
	36	排障器内侧	同第 7 项	目视、测量
	37	司机室门、窗	同第 8 项	目视、手检
	38	左 1 砂箱	同第 9 项	目视、手检
	39	左 1 动轮	同第 10 项	目视、锤检、耳听
	40	垂直油压减震器	同第 11 项	目视、手检
	41	高圆弹簧及垫片	同第 12 项	目视、锤检、耳听

续表

部位	顺号	部件名称	检查内容及要求	检查方法
车体左侧	42	左1侧向限制器	同第13项	目视
	43	左2动轮	同第14项	目视、锤检、耳听
	44	第一转向架右侧上部侧梁上接线及管路	同第22项	目视、手检
	45	车体与转向架接地线	接地线未断股、未松脱	目视
	46	左3动轮	同第10项	目视、锤检、耳听
	47	左2砂箱	同第9项	目视、手检
	48	主、辅助电路库用插座	整体无损伤，安装座未开焊，螺栓紧固，压盖严密，座芯洁净，接线完整	目视、手检
	49	变压器储油箱	箱体未开焊、未变形、未泄漏。管路安装螺栓紧固。 油箱外部状态良好、管路、管接头未漏油，放油阀手轮铁丝未断开，油流继电器、油温表指针位置正确，盖未丢失	目视、锤检
	50	左3砂箱	同第9项	目视、手检
	51	左4动轮	同第10项	目视、锤检、耳听
	52	第二转向架左侧上部侧梁上接线及管路	同第22项	目视、手检
	53	左5动轮	同第27项	目视、锤检、耳听
	54	高圆弹簧及垫片	同第12项	目视、锤检、耳听
	55	垂直油压减震器	同第11项	目视、手检
	56	左2侧向限制器	同第13项	目视
	57	行灯插座	同第18项	目视、手检
	58	左6动轮	同第10项	目视、锤检、耳听
	59	左4砂箱	同第9项	目视、手检
	60	司机室门、窗	门、窗完整，未变形。 扶手、脚梯安装牢固，未变形、未开焊、未缺损	目视、手检
	61	主、控制电路插座	同第18项	目视、手检
	62	排障器内侧	同第7项	目视、测量

（2）HXD_3型电力机车车底检查标准见表2－11。

表2－11 HXD_3型电力机车车底检查标准

部位	顺号	部件名称	检查内容及要求	方法
车底	1	Ⅱ端车钩下部及缓冲装置	钩体托板及缓冲器托板螺栓紧固，弹簧箱冲击座、钩尾框无裂纹，从板摩擦部分未缺油，无非正常磨损	目视、锤检
	2	排障器	安装螺栓牢固，未开焊。排障器距轨面高度为110 mm	锤检
	3	车底照明灯	安装牢固，玻璃罩完好，灯泡良好	目视
	4	车钩前部管路	总风管、列车管、平均管各管路接头未漏风，塞门位置正确，橡胶未老化，无裂纹痕迹。安装牢固	目视、锤检
	5	横向油压减震器	套筒及座无裂纹，未漏油，安装螺栓齐全、紧固。油压减震器座焊缝未开焊	目视
	6	牵引梁前部	各紧固件螺栓未松动、防缓线无位移。橡胶关节及托板状态良好，O形圈未磨损、不超限	目视
	7	自动信号接收线圈及自动过分相装置	各安装螺栓紧固，各部未破损，插座、接线良好	目视、手检
	8	排石器	安装牢固，排石器支架未开焊，螺栓紧固，胶皮完整，高度符合标准。 扫石胶皮距轨面为10～15 mm	目视、测量
	9	左右第四砂箱背部	箱体完整，未开焊，安装座牢固，螺栓未松动，撒砂阀良好、砂管支架安装牢固、沙管角度不偏斜	目视、锤检
	10	第六动轮轮盘制动单元及弹停装置背部	制动器外部状态良好，安装螺栓紧固，来风管及接头未泄漏、无裂纹。 轮盘式制动单元安装牢固，螺栓未松动，单元制动缸未泄漏，缓解良好，活塞杆复位时，不得有卡滞现象，制动盘不得有明显的台阶沟槽。闸瓦吊杆、支架未开焊、无裂纹。弹停拉钩灵活。 制动盘的摩擦面的摩擦限度为每侧5 mm。（注：检查时不得敲打制动盘的任何部位）	目视、锤检
	11	第二转向架后部	构架无裂纹、未变形、未开焊，各风管及卡子未松动，未破损、未漏风	目视、手检
	12	第六动轮轮对	轮箍无裂纹，轮缘符合标准，无碾堆，轮箍，轮心结合良好，无移位。 牵引电机大线无磨耗，定位紧固。 轮缘厚度为23～33 mm	目视、测量

续表

部位	顺号	部件名称	检查内容及要求	方法
车底	13	第六动轮齿轮箱	箱体安装螺栓未松动，箱体未开焊、无裂纹、未漏油、未变形，油封未漏油，油位符合标准，油堵未漏油，安装紧固	目视、手检、锤检
	14	第六轮对踏面清扫装置	踏面清扫制动装置，安装螺栓牢固，制动器外观良好，闸瓦无裂纹，不偏磨、不到限	目视、手检
	15	第六牵引电机	电机风道干净，无油泥，电机内部转子杆未松动，短路环、保持环及定子、绝缘外皮未损伤、各紧固螺栓未松动。电机油堵未松动、未丢失	目视、手检
	16	第六牵引电机悬挂装置	悬挂座无裂纹，未开焊，连接杆、吊杆无裂纹，橡皮垫无裂纹，下部螺母开口销安装紧固、齐全，防落板未断裂、未变形	目视、锤检
	17	第二转向架牵引销座	同第6项	目视
	18	第五动轮轮盘制动单元背部	制动器外部状态良好，安装螺栓紧固，来风管及接头未泄漏、无裂纹。 轮盘式制动单元安装牢固，螺栓未松动，单元制动缸未泄漏，缓解良好，活塞杆复位时，不得有卡滞现象，制动盘不得有明显的台阶沟槽。闸瓦吊杆、支架未开焊、无裂纹。制动盘摩擦面的摩擦限度为每侧5 mm。（注：检查时不得敲打制动盘的任何部位）	目视、锤检
	19	第五动轮轮对	同第12项	目视、测量
	20	第五动轮齿轮箱	同第13项	目视、手检、锤检
	21	第五轮对踏面清扫装置	同第14项	目视、手检
	22	第五牵引电机	同第15项	目视、手检
	23	第五牵引电机悬挂装置	同第16项	目视、锤检
	24	第四动轮轮盘制动单元背部	同第18项	目视、锤检
	25	第四动轮轮对	同第12项	目视、测量
	26	第四动轮齿轮箱	同第13项	目视、手检、锤检
	27	第四牵引电机	同第15项	目视、手检
	28	第四牵引电机悬挂装置	同第16项	目视、锤检

续表

部位	顺号	部件名称	检查内容及要求	方法
车底	29	第二转向架前部	同第 11 项	目视、手检
	30	横向油压减震器	同第 5 项	目视
	31	车底照明灯	同第 3 项	目视
	32	第四轮对踏面清扫装置	同第 14 项	目视、手检
	33	左右第三砂箱背部	同第 9 项	目视、锤检
	34	监控装置支架	安装牢固，未开焊	
	35	各风管、接头及电线路	各风管及接头无裂纹、卡子紧固，电线路未松脱，安装牢固	目视、手检
	36	变压器油箱底部	箱体未开焊，未变形，未泄漏。管路安装螺栓紧固。 油箱外部状态良好，管路、管接头未漏油，放油阀手轮铁丝未断开	目视、锤检
	37	横向油压减震器	同第 5 项	目视
	38	车底照明灯	同第 3 项	目视
	39	左右第二砂箱	同第 9 项	目视、锤检
	40	左右第三轮对踏面清扫装置	同第 14 项	目视、手检
	41	第一转向架后部	同第 11 项	目视、手检
	42	第三牵引电机悬挂装置	同第 16 项	目视、锤检
	43	第三牵引电机	同第 15 项	目视、手检
	44	第三动轮轮对	同第 12 项	目视、测量
	45	第三动轮齿轮箱	同第 13 项	目视、手检、锤检
	46	第三动轮轮盘制动单元背部	同第 18 项	目视、锤检
	47	左右第二轮对踏面清扫装置	同第 14 项	目视、手检
	48	第二牵引电机悬挂装置	同第 16 项	目视、锤检
	49	第二牵引电机	同第 15 项	目视、手检
	50	第二动轮轮对	同第 12 项	目视、测量
	51	第二动轮齿轮箱	同第 13 项	目视、手检、锤检
	52	第二动轮轮盘制动单元背部	同第 18 项	目视、锤检

续表

部位	顺号	部件名称	检查内容及要求	方法
车底	53	左右第一轮对踏面清扫装置	同第 14 项	目视、手检
	54	第一转向架牵引销座	同第 6 项	目视
	55	第一牵引电机悬挂装置	同第 16 项	目视、锤检
	56	第一牵引电机	同第 15 项	目视、手检
	57	第一动轮轮对	同第 12 项	目视、测量
	58	第一动轮齿轮箱	同第 13 项	目视、手检、锤检
	59	第一转向架前部	同第 11 项	目视、手检
	60	第一动轮轮盘制动单元背部	同第 10 项	目视、锤检
	61	左右第一砂箱	同第 9 项	目视、锤检
	62	排石器	安装牢固，未开焊、螺栓紧固，胶皮完整，高度符合标准。扫石胶皮距轨面为 10 ~ 15 mm	目视、锤检、测量
	63	横向油压减震器	套筒及座无裂纹，未漏油，安装螺栓齐全紧固。油压减震器座焊缝未开焊	目视
	64	车底照明灯	安装牢固，玻璃罩完好，灯泡良好	目视
	65	排障器	安装螺栓牢固，未开焊、无裂纹。排障器距轨面高度为 110 mm	锤检
	66	自动信号接收线圈及自动过分相	各安装螺栓紧固，各部未破损，插座、接线良好	目视、手检
	67	Ⅱ端车钩下部及缓冲装置	钩体托板及缓冲器托板螺栓紧固，弹簧箱冲击座、钩尾框无裂纹，从板摩擦部分无非正常磨损	目视、锤检
	68	车钩前部管路	总风管、列车管、平均管各管路接头未漏风，塞门位置正确，橡胶未老化，安装牢固	目视、锤检
	69	自动信号接收线圈及自动过分相装置	各安装螺栓紧固，各部未破损，插座，接线良好	目视、手检
	70	Ⅰ端车钩下部及缓冲装置	钩体托板及缓冲器托板螺栓紧固，弹簧箱冲击座、钩尾框无裂纹，从板摩擦部分无非正常磨损	目视、锤检

（3）HXD_3 型电力机车车顶检查标准见表 2－12。

表 2－12　HXD_3 型电力机车车顶检查标准

部位	顺号	部件名称	检查内容及要求	方法
Ⅰ端车顶	1	脚梯	安装牢固，未开焊，未断裂	目视、手检
	2	车顶门	车顶门开合阻力小，搭扣作用良好，门合页未开焊，未断裂、未变形	目视、手检
	3	Ⅰ端风笛前灯	安装牢固，未损伤，前灯罩未变形，灯玻璃未破损	目视、手检
	4	百叶窗	窗结构未损伤，未开焊，窗叶整齐，坚固	目视、手检
	5	Ⅰ端受电弓	受电弓各铰链部分转动灵活，受电弓风箱和空气管路部分未泄漏，各紧固件紧固到位，各编织线无断裂、破损现象，滑条板无严重缺损，安装牢固，接缝处平整、密贴滑板托及诱导角无裂纹、顶面平整，未锈蚀，导角与滑板条间平稳过渡，间隙不超限，弹簧未裂损，未锈蚀。陶瓷绝缘子光洁，无裂纹，安装牢固，软线安装牢固	目视、手检
	6	陶瓷绝缘子及导电杆、软线	陶瓷绝缘子光洁，无裂纹，安装牢固，导电杆安装牢固。软线安装牢固	目视、手检
	7	受电弓隔离开关	陶瓷绝缘子无裂纹，无放电痕迹且清洁	目视、手检
	8	主断路器及支持陶瓷绝缘子	所有固定螺栓未松动，陶瓷绝缘子无裂纹，无放电痕迹。各编织线不应有断裂破损现象	目视、手检
	9	高压电压互感器	陶瓷绝缘子不得破损，表面清洁，安装螺栓牢固	目视、手检
	10	避雷器	同第 9 项	目视、手检
	11	导电杆、陶瓷绝缘子、软线	安装牢固，位置适当，各编织线无断裂、破损现象	目视、手检
Ⅱ端车顶	12	导电杆、陶瓷绝缘子、软线	同第 11 项	目视、手检
	13	受电弓隔离开关	同第 7 项	目视、手检
	14	Ⅱ端受电弓	同第 5 项	目视、手检
	15	Ⅰ端风笛前灯	同第 3 项	目视、手检
	16	百叶窗	同第 4 项	目视、手检

十、机车机能试验

（一）HXN_5型内燃机车智能显示器检测操作程序

1. 机车电子空气制动设置为本务机车

单阀全制位、自阀缓解位→按 Fl 键（空气制动）

↓

按 F3 键（更改设置）

↓

按 Fl 键↓或 F2↑（进行管压设置）

↓

按 F3 键（选择客、货）

↓

按 F5 键（选择本务）

↓

按 F7 键两次（保存设置）

↓

按 F8 键（回到主操作界面）

2. 机车电子空气制动设置为重联机车

主手柄惰转位、换向手柄取出，单阀手柄、自阀手柄全制位排完风后：

按 F1 键（空气制动）

↓

按 F3 键（更改设置）

↓

单阀缓解

↓

按 F5 键（选择重联）同时切除自动制动

↓

按 F7 键两次（保存设置）

↓

按 F8 键（回到主操作界面）

↓

自阀重联位锁闭（此时，自、单阀已被切除）

3. 切入/切除电阻制动的操作

在主显示屏操作界面：

按 F7 键（开关）

↓

按 Fl 键（电阻制动切入/切除）

↓

按 F4 键（是）进行确认

↓

按 F8 键（返回主操作界面）

4. 空压机强制手动操作

在主显示屏操作界面：按 F7 键（开关）

↓

按 2 号键（空压机强制手动）

↓

按 F4 键（确认开关转换）

↓

按 F8 键（返回主操作界面）

注意：仅当 1 号总风缸的压力为 827 ~ 903 kPa 之间时，才有 2 号键；一旦空压机已手动启动，按键 2 将消失。

5. 自负荷开关操作（仅限主操纵台）

在主显示屏操作界面：按 F7 键（开关）

↓

按 6 号键（打开/关闭自负荷功能）界面会出现“机车正在自负荷”，如未自负荷，显示“自负荷开关已开”

↓

按 F8 键（返回到开关界面）

↓

再按 F8 键（返回主操作界面）

6. 启用/禁用柴油机“自动启/停机”功能

启用自动起/停机功能必须符合的条件：停车、换向手柄置中立位、主手柄置惰转位、制动缸压力大于 152 kPa，合蓄电池闸刀和计算机断路器，各室门关好。

在主显示屏操作界面：按 F7 键（开关）

↓

按 7 号键（自动起/停机）

↓

按 F4 键（确认开关转换）

↓

按 F8 键（返回主操作界面）

注意：紧急重联停机后自动启/停机开关被强制置于禁用位置。

在主显示屏操作界面：按 3 号键（自动启/停机）

↓

显示 AESS 界面，所有操作条件以绿色显示

↓

按 F8 键（返回主操作界面）

注意：AESS 警铃位于机车右侧靠近主发动机的高压柜/电器室后，它不是司机室警铃。AESS 延时的设置：按一下柴油机控制面板中的自动停机延时按钮可对 AESS 进行延时。

以下任何一项操作均会取消延时模式：

（1）挡位手柄推离惰转位。

（2）换向手柄推离居中位。

（3）缓解自、单阀。

（4）移动机车。

（5）打开高压室柜门。

（6）部分机车限制。

（7）进入自我测试模式。

（8）柴油机控制开关设置为移车。

7. 切除牵引电机或牵引电机速度传感器

在主显示屏操作界面：按 F7 键（开关）

↓

按 8 号键（电机切除）

↓

按键 1 ~ 6（切除相应电机）、F1 ~ F6 切除相应速度传感器

↓

按 F4 键（确认开关转换）

↓

按 F8 键（返回到开关界面）

↓

再按 F8 键（返回主操作界面）

注意：切除牵引电机速度传感器自动切除相应牵引电机，手动切除牵引电机不会影响相应的牵引电机速度传感器。

8. 显示器屏幕控制

在主显示屏操作界面：按 7 号键（屏幕控制）

↓

按 F4 键进行中英文转换

按 F5 键（操纵台选择）

按 F7 键（密码）访问高级界面

↓

在界面上选择：其中 F4 为退格键（可输入更改数字）

↓

F6 键将屏幕返回到屏幕控制界面

↓

F7 键为接受键、F8 键为取消键

↓

数字 1 ~ 8 用于输入

↓

按 F8 键（返回主操作界面）

当显示器在屏幕保护模式下时，执行以下操作可恢复屏幕显示：

（1）在任一显示器上按任意键。

（2）改变 EC 面板上的操纵台选择开关。

（3）执行警报器重置。

（4）改变 EC 面板上柴油机控制开关的位置。

（5）改变换向手柄位置。

（6）改变本务机车挡位手柄。

（7）本务机车移动。

9. 显示器重联监控器操作界面

在主操作界面：按 8 号键（更多菜单）

↓

按 F5 键（重联监控器）

其中：F1（下箭头）、F2（上箭头），滚动“机车摘要框”；

F3 键（查看报警）

如按下 F3 键

↓

其中：Fl（下箭头）、F2（上箭头），滚动“机车摘要框”

F3（查看数据）

F8（退出）

↓

再按 F8 键返回主操作界面

学习笔记

（二）HXD_3型电力机车高、低压试验程序

1. 低压试验

1）准备工作

（1）确认车顶门、控制电器柜柜门锁闭良好，高压接地开关在“运行”位（两把黄色钥匙插入）；蓝色钥匙插入制动控制柜锁孔，开通受电弓风路（蓝色钥匙呈垂直状态）。

（2）确认各风路塞门在正常工作位置（空气制动柜：总风塞门 A24、踏面清扫塞门 B50. 02、弹停塞门 B40. 06、撒砂塞门 F41. 02、制动缸塞门 Z10. 22 在开放位；干燥器下：控制风缸塞门 U77 在开放位、总风缸排水塞门 A12 在关闭位；压缩机与Ⅰ端变流柜间侧墙：Ⅱ端受电弓塞门 U98 在开放位；压缩机与Ⅰ端变流柜间小地板下：弹停风缸排水塞门 A14、控制风缸排水塞门 U88 均在关闭位；控制电器柜与Ⅱ端变流柜间侧墙：主断路器塞门 U94、Ⅰ、Ⅱ端受电弓高压隔离开关塞门 U95、Ⅰ端受电弓塞门 U98 均在开放位）。

（3）确认总风缸风压不低于 750 kPa；机车控制电路电压不低于 96 V。

（4）确认控制电器柜上的自动开关位置正确（除直流加热及自动过分相自动开关在“断开”位外，其余自动开关均在“闭合”位）。

（5）实施弹停制动。

（6）司机室各控制器在“0”位，打开机械室门。

2）试验顺序及要求

（1）机车照明试验。

依次闭合仪表、司机室、走廊、车底、前（副）照灯、标志等照明灯开关，检查各照明灯照明良好、逻辑控制关系正确。

（2）辅机系统试验。

检查遮阳帘、风扇、刮雨器工作状态良好，功能与控制开关指示位置相符合。

（3）机车电钥匙试验。

①机车电钥匙置“合”位。

观察制动显示屏启动正常，检查制动显示屏各数据、参数设置正确。

②将自动制动手柄置“抑制”位 1 s 后回“运转”位、单独制动手柄置“全制”位。

观察制动显示屏“动力切除”消除，制动显示屏均衡风缸、制动主管风压显示 600（500）kPa、机车制动缸风压显示 300 kPa。

（4）微机（计算机）显示屏试验。

①状态指示屏“微机正常”“主断分”“零位”“欠压”“辅变流器”“水泵”“停车制

动”灯亮。

②按下状态指示屏自检按钮，所有状态指示灯亮。

③确认微机（计算机）显示屏显示正常，其网压、控制电路电压显示与仪表模块显示一致。

④主、辅变流器切除试验。

利用微机（计算机）显示屏触摸开关，分别将主变流器、辅变流器切除、恢复一次。

(5) 弹停装置试验。

①弹停转换开关置“缓解”位。

确认弹停制动缓解，状态指示屏“停车制动”红灯灭。

②弹停转换开关置“制动”位。

确认弹停装置制动，状态指示屏“停车制动”红灯亮。

(6) 主变流器试验。

将主变流器试验开关（SA75）置“试验”位，进行以下试验。

①断路器试验。

a. 将主断路器扳键开关（SB43 或 SB44）置“主断合”位。

听主断路器闭合声；看状态指示屏“主断分”灯灭，微机（计算机）显示屏显示“主断合”。

b. 将主断路器扳键开关（SB43 或 SB44）置“主断分”位。

听主断路器断开声；看状态指示屏“主断分”灯亮，微机（计算机）显示屏显示“主断分”。

②牵引试验。

a. “前”位牵引试验。

a）换向手柄置“前”位。

听充电、工作接触器动作声，看微机（计算机）显示屏方向指示与手柄位置一致。

b）缓慢将调速手柄由“0”推向“牵引”区最大位。

看状态指示屏“零位”灯灭，微机（计算机）显示屏级位显示从 0.0 升至 13.0，各轴扭矩输出显示由 0 升至约 95 kN。

c）缓慢将调速手柄退至“0”位。

看微机（计算机）显示屏级位和牵引力显示逐步回“0”、状态指示屏“零位”灯亮。

d）换向手柄置“0”位。

听工作接触器断开声。

b. “后”位牵引试验。

试验内容同“前”位牵引试验。

③电制动试验。

a. 换向手柄置于“前”位，将调速手柄拉向“制动区”并逐渐推至最大位。

看状态指示屏“零位”灯灭、“电制动”灯亮；听制动系统短暂排风声（机车制动缸有风时）；看微机（计算机）显示屏手柄级位由11. 9 ~ 1 级变化。

b. 调速手柄退回“0”位。

看状态指示屏“电制动”灯灭、“零位”灯亮。

c. 缓解机车制动，大闸置“初制动”位，将调速手柄置“制动区”。

看状态指示屏“零位”灯灭、“电制动”灯亮；观察机车制动缸缓解。

d. 调速、换向手柄回“0”。

④试验完毕，主变流器试验开关（SA75）恢复至“0”位。

（7）撒砂试验。

分别将换向手柄置“前”位、“后”位，脚踩撒砂开关 SA83（SA84），确认撒砂装置作用良好。

（8）警惕装置试验。

在微机（计算机）显示屏牵引/制动画面单击【检修状态】→输入密码“000”→单击【确认】【状态】【信号信息】→进入信号信息画面→单击【DI2】→进入 DI2 画面第一页，手按警惕按钮或脚踩警惕开关，看 521 线底色变绿；松开后，底色恢复黑色。

2. 高压试验

1）准备工作

（1）确认机车各闸刀、试验开关、故障转换开关、风路塞门、车顶门、各屏柜门均在正常位。

（2）确认总风风压不低于 700 kPa，机车制动缸风压不低于 300 kPa。

（3）检查控制电路电压不低于 96 V。

（4）通过微机（计算机）显示屏将主变流器 CI1 ~ CI6 全部切除。

（5）将非操纵端自动制动手柄锁定在“重联”位，单独制动手柄置“全制”位，锁闭非操纵端司机室门窗。

（6）确认操纵端司机控制器手柄在“0”位、机车电钥匙在“0”位。

（7）确认机车停留在有电区且接地线已撤除、隔离开关已闭合，机车两端地面防护牌、信号旗（信号灯）已撤除，机车周围无闲杂人员且均处于安全区域，高压试验人员均在司机室。

2）试验顺序及要求

（1）机车电钥匙置“合”位。

①确认制动显示屏启动正常，检查制动显示屏各数据、参数设置正确。

②将大闸置“抑制”位 1 s 后回“运转”位，小闸置“全制”位，确认制动显示屏“动力切除”消除，制动显示屏均衡风缸、制动主管风压显示 600（500）kPa、机车制动缸风压显示 300 kPa。

（2）升降弓试验。

①后弓试验。

a. 将受电弓扳键开关 SB41（SB42）置“后受电弓”位。

a）听升弓电磁阀得电充风声。

b）观察受电弓上升正常，无冲网现象，升弓时间不得大于 5.4 s（从弓头动作时起）。

c）确认网压表及微机（计算机）显示屏网压显示正常、状态指示屏“欠压”灯灭。

b. 将受电弓扳键开关 SB41（SB42）置“0”位。

a）观察受电弓下降正常，无砸车顶现象，降弓时间不得大于 4 s（从弓头动作时起）。

b）确认网压表及微机（计算机）显示屏显示网压低于 5 kV、状态指示屏“欠压”灯亮。

②前弓试验。

试验内容同后弓试验。

③升起后弓。

（3）主断路器试验。

将主断路器扳键开关 SB43（SB44）置“主断合”位。

①听主断路器闭合声及辅变流器 2（APU2）启动后，水泵、辅变流器风机、油泵投入工作声。

②看机车状态指示屏“主断分”“辅变流器”“水泵”灯灭。

③进入微机（计算机）显示屏“风机状态”画面，确认变压器油泵 MA21、MA22 及水泵 MA27、MA28 投入工作。

④进入微机（计算机）显示屏“辅助电源”画面，看辅变流器 2（APU2）输出频率为（50 ± 1）Hz。

⑤观察控制电路电压表及微机（计算机）显示屏，看控制电路电压显示 110 V。

⑥进入机械室确认冷却系统水流量计显示流量正常（黑色指针在 200 左右）。

（4）压缩机试验。

①总风压低于 750 kPa（0001 ~ 0640 号机车）或 680 kPa（0641 号机车之后）时，将压缩机扳键开关 SB45（SB46）置“压缩机”位。

a. 听空气压缩机 1、2 间隔 3 s 依次启动。

b. 进入微机（计算机）显示屏“空制状态”画面，看压缩机 CMP1、CMP2 正常投入工作。

c. 当总风压升至900 kPa时，压缩机1、2同时停止工作。

②当总风缸风压高于750 kPa但又低于825 kPa时（0001～0640号机车）或当总风缸风压高于680 kPa但又低于750 kPa时（0641号机车之后），将压缩机扳键开关SB45（SB46）置“压缩机”位，此时，仅操纵端压缩机投入工作，当总风风压达到900 kPa时自动停止工作。

③将压缩机扳键开关SB45（SB46）置“强泵风”位不松手。

a. 看操纵端压缩机投入工作，总风风压升至950 kPa时听高压安全阀喷气声。

b. 松开压缩机扳键开关SB45（SB46），操纵端压缩机停止工作。

（5）换向手柄“前”位试验。

①换向手柄置“前”位。

a. 听辅变流器1（APUl）启动后，牵引及复合冷却风机启动。

b. 进入微机（计算机）显示屏“风机状态”画面，确认牵引风机MA11～MA16启动正常。

c. 进入微机（计算机）显示屏“辅助电源”画面，看辅变流器1（APUl）输出频率升至33 Hz。

②换向手柄回“0”位。

待1 min之后，听各牵引、复合冷却风机停止工作。

（6）电制动试验。

①换向手柄置“前”位，调速手柄离开“0”位至“制动区”最大。

a. 看机车状态指示屏“零位”灯灭。

b. 进入微机（计算机）显示屏“辅助电源”画面，看辅变流器1（APUl）输出频率升至(50±1)Hz。

c. 看微机（计算机）显示屏显示级位由11.9～1级间变化。

②调速手柄回“0”位。

看机车状态指示屏“零位”灯亮。

（7）牵引试验。

①弹停转换开关置“缓解”位，看机车状态指示屏“停车制动”红灯灭。

②通过微机（计算机）显示屏触摸开关恢复主变流器CI1～CI3。

看状态指示屏“预备”灯亮。

③将调速手柄置牵引“*”位。

a. 看机车状态指示屏“零位”“预备”灯灭。

b. 微机（计算机）显示屏显示“1.0”级、牵引电机M1～M3输出扭矩显示13 kN

左右。

④调速手柄退回“0”位。

a. 机车状态指示屏“零位”“预备”灯亮。

b. 看微机（计算机）显示屏牵引电机 M1 ~ M3 输出扭矩变为 0、手柄级位显示“0”级。

⑤通过微机（计算机）显示屏触摸开关切除主变流器 CI1 ~ CI3、恢复主变流器 CI4 ~ CI6，将调速手柄置牵引“*”位。

a. 看机车状态指示屏“零位”“预备”灯灭。

b. 微机（计算机）显示屏显示“1.0”级、牵引电机 M4 ~ M6 输出扭矩显示 13 kN 左右。

⑥调速手柄退回“0”位。

a. 机车状态指示屏“零位”“预备”灯亮。

b. 看微机（计算机）显示屏牵引电机 M4 ~ M6 输出力矩变为 0、手柄级位显示“0”级。

⑦换向手柄置“0”位，通过微机（计算机）显示屏触摸开关切除主变流器 CI4 ~ CI6。

（8）辅变流器故障切换试验

①断开主断路器，通过 TCMS 屏“开放状态”栏手动切除 APU1，看 APU1 栏变红。重新闭合主断，听 APU2 启动声，各风机启动运行，通过 TCMS 屏“机器状态”栏“风机状态”界面，确认 WP1 - WP2 水泵、MA21 - MA22 油泵工作正常，MA11 - MA16 牵引风机、MA17 - MA18 复合冷却风机启动正常。

②通过 TCMS 屏“机器状态”栏“辅助电源”界面看 APU2 输出电源频率为 50 Hz，看 PSU1（PSU2）装置投入工作，观察控制电压表及 TCMS 屏显示控制电压 110 V。

③断开主断路器，恢复 APU1，切除 APU2 试验（试验内容及步骤同上）。

（9）PSU 装置转换试验。

①断电降弓拉回电钥匙开关，通过 TCMS 屏确认试验时正常工作的 PSU 单元，并通过 TCMS 屏检修模式修改系统日期，修改完毕后脱开蓄电池开关，30 s 后恢复蓄电池开关。

②重新升弓闭合主断，确认控制电压表及 TCMS 显示屏显示控制电压 110 V，通过TCMS 屏“辅助电源”界面，确认另一组 PSU 投入工作。

③断开主断路器，采用手动转换 PSU 单元，将 PSU 装置柜侧面转换开关转至另一组 PSU 单元，重新闭合主断，确认控制电压表及 TCMS 显示屏显示控制电压 110 V，通过 TC-MS 屏“辅助电源”界面，确认另一组 PSU 投入工作。

十一、CCB Ⅱ型空气制动机试验

CCB Ⅱ型空气制动机“五步闸”检查方法见表2－13。

表2－13 CCB Ⅱ型空气制动机“五步闸”检查方法

步骤	设置	自动制动手柄							单独制动手柄				检查内容
		运转	初制	制动	全制	抑制	重联	紧急	侧缓	运转	制动	全制	
1	本机/不补风												1.总风压力750~900 kPa，制动缸压力0，均衡风缸压力500 kPa，制动主管压力500 kPa； 2.制动主管压力在3 s内降为0，制动缸在3~5 s内升至200 kPa，并继续增压至450 kPa，均衡风缸压力降为0，紧急制动倒计时60 s开始； 3.制动缸压力下降为0，手柄复位后制动缸压力恢复； 4.60 s倒计时结束后操作，制动主管、均衡风缸、制动缸压力不变；
2	本机/不补风												5.均衡风缸增压至500 kPa，制动主管增压至480 kPa不大于9 s，制动缸压力下降为0； 6.等60 s使系统各风缸充满风； 7.均衡风缸在5~7 s减压到360 kPa，制动主管减压到均衡风缸压力±10 kPa，制动缸6~8 s增压到360 kPa； 8.保压1 min，均衡风缸压力泄漏不大于7 kPa，制动主管压力泄漏不大于10 kPa，制动缸压力变化不大于25 kPa； 9.各压力无变化； 10.均衡风缸增压至500 kPa，制动主管压力500 kPa，制动缸压力下降为0；
3	本机/不补风												11.充满风后，均衡风缸减压50 kPa，制动主管减压到均衡风缸压力的±10 kPa，制动缸增压到70~110 kPa； 12.制动缸压力下降为0，手柄复位后制动缸压力不恢复； 13.均衡风缸以常用制动速率降为0，制动主管减压至55~85 kPa后保持，制动缸增压至450 kPa； 14.均衡风缸增压至500 kPa；制动主管压力500 kPa，制动缸压力下降为0；
4	本机/不补风												15.阶段制动，制动缸压力阶段上升，全制动制动缸压力300 kPa； 16.阶段缓解，制动缸压力阶段下降，运转位制动缸压力下降为0； 17.制动缸在2~3 s上升到280 kPa，最终为（300±15）kPa； 18.制动缸压力在3~5 s降到35 kPa以下； 19.均衡风缸减压100 kPa，制动主管减压到均衡风缸压力的±10 kPa，制动缸增压到230~250 kPa；
5	单机												20.均衡风缸减压140 kPa，制动主管压力保持不变，制动缸压力保持不变； 21.制动缸压力下降为0，手柄复位后制动缸压力不恢复； 22.均衡风缸增压至500 kPa，制动主管压力保持不变，制动缸压力保持不变； 23.制动缸压力在2~3 s上升到280 kPa，最终为300 kPa； 24.制动缸压力在3~5 s降到35 kPa以下。

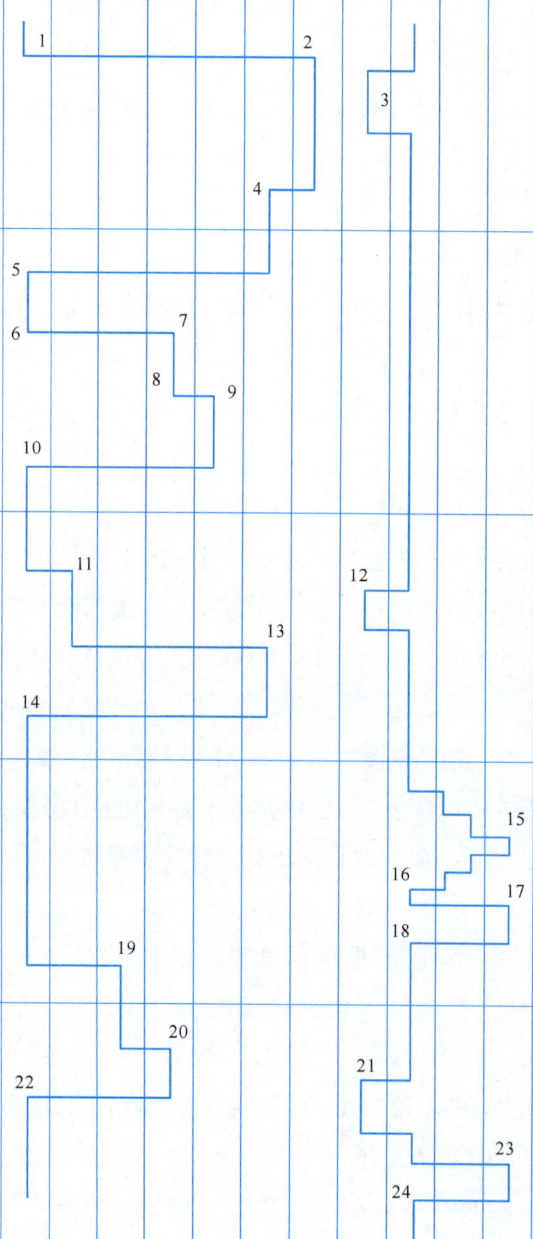

注：试验完毕，机车恢复本机/不补风状态设置。

实训设备

电力机车（仿真设备）、内燃机车（仿真设备）、IC 卡、司机手册、检查锤、手电筒、少量棉丝等。

实训操作安全注意事项

1. 机车检查过程中，注意人身安全。
2. 遇到特殊情况及时与实训指导教师沟通。

实训步骤

第一步　按职分工、对口交接

查阅“机车交接班记录簿”，了解机车运用、检修情况，领取、检查、交接工具及备品（确认施封良好），交接耗电量并做好记录。确认列车供电系统检查和试验记录，机车关键部件整备合格证等符合规定。调车机乘务员应确认防撞土挡装置作用良好。

第二步　检查防护用品

学习司机检查灭火器、防护用品（响墩、火炬、短路铜线）齐全不超期、不失效。信号旗、铁鞋、复轨器及配件齐全良好。

第三步　车载设备检测

（1）司机（地检司机）配合电务检测人员进行车载设备检测，确认状态良好、检测合格证符合要求后方可在检测记录簿上签名（盖章）。未按规定取得合格证的机车不准出段。

（2）车载设备虽经检测技术状态良好，但检测后在库内停留超过 24 h 的机车，出库前须重新检测、签发合格证。

（3）车载设备检测合格证随机车全程携带和交接。值乘司机办理交接时，须填写值乘日期、车次及设备交接和文件转储情况，需要说明的事项填写在情况摘要栏。车载设备检测合格证不得随意涂改，若途中丢失，司机应在“机车交接班记录簿”登记。

（4）电务检测人员作业前，司机须确认单阀处全制动位。检测过程中，司机须在司机位置负责操作制动机、主手柄和换向手柄，严禁其他人员操作。检测完毕后，司机应再次确认机车单阀置于全制动位，主手柄置于零位，换向手柄置于中立位。

第四步　输入 IC 卡揭示

（1）司机输入 IC 卡数据、库内作业车次。学习司机读手持揭示，司机有声确认 IC 卡数据。单班单司机值乘时，由司机读手持揭示并核对。

（2）揭示发送失败时应重新插卡发送。仍不能正常发送时，须及时通知车载设备检测人员处理，否则严禁出段。

（3）核对 LKJ 数据版本号，不是最新版本号时不得出库，应及时报告派班室联系电务检测工区更换。

第五步　机车全面检查

（1）机车下部检查。

（2）机车底部检查。

（3）机车中部检查。

（4）机车顶部检查。

第六步　机车机能试验

进行内燃机车智能显示器检测操作，电力机车高、低压试验。

第七部　机车制动机试验

进行 CCB Ⅱ型空气制动机“五步闸”检查。

学习笔记

考核标准

任务单

任务编号	2－1	任务名称	接车及库内作业
序号	检查内容	是	否
机车检查前准备工作			
1	叙述机车检查方法		
2	叙述机车检查前的准备工作		
3	防护用品的检查		
4	车载设备的检测		
5	插卡输入揭示		
机车检查			
6	机车前部检查		
7	机车车钩检查		
8	软管、总风管、平均风管检查		
9	重联插座检查		
10	车体外观、车门检查		
11	第一砂箱检查		
12	第一动轮轮缘喷油器检查		
13	第一动轮及轴箱悬挂装置检查		
14	第一轴箱检查		
15	第一轴箱速度传感器检查		
16	第一轴箱垂向油压减振器检查		
17	第一动轮制动器检查		
18	第一轴箱横向油压减振器检查		
19	侧向摩擦限制器检查		
20	橡胶堆检查		
21	辅助电路入库插座检查		
22	左蓄电池及接线检查		
23	总风缸左部检查		
24	控制电路入库插座及行灯插座检查		
25	主电路入库插座检查		
26	脚蹬、扶手、标志灯、重联插座检查		
27	进行机车高低压试验		
28	制动机机能试验		
29	内燃机车智能显示器检测操作		
30	燃油箱及油位、紧急停机按钮检查		

考核评价表

<table>
<tr><td>任务编号</td><td>2－1</td><td colspan="3">任务名称</td><td colspan="3">接车及库内作业</td></tr>
<tr><td>班级</td><td></td><td>任务小组</td><td></td><td>任务执行人</td><td></td><td>学号</td><td></td></tr>
</table>

<table>
<tr><td>序号</td><td colspan="2">评价内容</td><td>标准分值</td><td>自我评分</td><td>组内评分</td></tr>
<tr><td>1</td><td colspan="2">是否积极参与实训任务讨论，是否正确领会任务要求</td><td>5</td><td></td><td></td></tr>
<tr><td>2</td><td colspan="2">是否积极参与实训预备知识的学习和讨论，是否完全掌握学习内容</td><td>5</td><td></td><td></td></tr>
<tr><td>3</td><td colspan="2">是否积极参与实训计划制订，是否提出建设性计划意见</td><td>5</td><td></td><td></td></tr>
<tr><td>4</td><td colspan="2">是否制订了可行的实训任务方案</td><td>5</td><td></td><td></td></tr>
<tr><td>5</td><td colspan="2">是否认真履行个人角色，是否积极参与实训任务演练</td><td>5</td><td></td><td></td></tr>
<tr><td>6</td><td colspan="2">是否有效使用实训任务单保证任务顺利进行</td><td>5</td><td></td><td></td></tr>
<tr><td rowspan="2">序号</td><td colspan="2" rowspan="2">评价内容
（任务展示、评价阶段）</td><td>标准分值</td><td>组间评分</td><td>教师评分</td></tr>
<tr><td>70</td><td></td><td></td></tr>
<tr><td>1</td><td>机车检查程序</td><td>共30条程序（参看任务单）；其中第1、6、9、10、20、21、24、26条，每条1.5分，其余每条2分；操作错误、顺序颠倒、呼喊漏项为程序错误，视情节扣分</td><td>56</td><td></td><td></td></tr>
<tr><td>2</td><td>假设处理</td><td>共4个故障假设。每个假设第1次处理正确3.5分；第2次处理正确3分；第3次处理正确2分；第4次处理0分</td><td>14</td><td></td><td></td></tr>
<tr><td>3</td><td>作业时间</td><td>标准时间15 min。标准时间以内不扣分；每超过标准时间1 min扣1分；超标准时间5 min以上，每超1 min扣2分；超标准时间10 min以上，判为任务操作失败</td><td>无基础分值</td><td></td><td></td></tr>
<tr><td>4</td><td>作业安全</td><td>出现危险操作，判为任务操作失败</td><td>无基础分值</td><td></td><td></td></tr>
<tr><td colspan="3">总评分值</td><td colspan="3"></td></tr>
</table>

实训任务三

出段与挂车作业

实训任务简介

机车乘务员全面检查机车，各项试验完成后，核对设备证件齐全即可办理出段手续。机车乘务员一次乘务过程中“两出两入”是关键。“两出”指出库和出段。出库时，由于段管线设备条件落后，道岔号数小，机车限制速度低，机车走行很容易超速，甚至造成脱轨事故。同时机务段内设备复杂，铁路工作人员经常需要横越线路作业，易造成人身伤害事故。为此，机车乘务员出库时须严格落实作业标准，执行要道还道制度，彻底瞭望，确认道岔位置及信号显示，控制速度，遇突发事件立即停车。出段时，要凭调车信号的显示运行，严禁臆测行车。列车运行监控记录装置在出入库及调车模式下，不识别地面信号，为此机车乘务组非操纵司机应站立瞭望，注意道岔位置、信号显示及线路两旁情况。

实训目的

- 能判断机车是否具备出库条件。
- 能进行出库走行作业。
- 能做到平稳连挂。

实训任务

1. 按规定着装，携带工具。
2. 口述段内动车的规定，凭信号动车。
3. 口述机车出段条件。
4. 办理出段手续。
5. 了解挂车股道及经路。
6. 完成换端作业。
7. 按规定的限速走行、平稳连挂。
8. 执行呼唤应答制度。

实训预备知识

一、司机鸣笛方式含义

机车、自轮运转特种设备鸣笛方式见表3－1。

表3－1 机车、自轮运转特种设备鸣笛方式

名称	鸣示方式	使用时机
起动注意信号	一长声 —	1. 列车起动或机车车辆前进时（双机牵引或使用补机时，本务机车鸣笛后，补机应回答，本务机车再鸣笛一长声后起动） 2. 接近鸣笛标、道口、桥梁、隧道、行人、施工地点或天气不良时 3. 电力机车、自轮运转特种设备在检修及整备中，准备降下或升起受电弓时
退行信号	二长声 — —	列车、机车车辆、单机开始退行时
召集信号	三长声 — — —	要求防护人员撤回时
牵引信号	一长一短声 — ·	途中本务机车要求补机牵引运行时（补机应以同样信号回答）
惰行信号	一长二短声 — · ·	本务机车要求补机惰力推进或要求补机断开主断路器时（补机应以同样信号回答）
途中降弓信号	一短一长声 · —	1. 电力机车双机牵引中，本务机车司机要求补机降下受电弓时（补机须以同样信号回答） 2. 电力机车司机在途中发现降弓手信号时，应鸣此信号回示
途中升弓信号	一短二长声 · — —	1. 电力机车双机牵引中，本务机车司机要求补机升起受电弓时（补机须以同样信号回答） 2. 电力机车司机在途中发现升弓手信号时，应鸣此信号回示
呼唤信号	二短一长声 · · —	1. 机车要求出入段时 2. 在车站要求显示信号时
警报信号	一长三短声 — · · ·	发现线路有危及行车安全的不良处所时
试验自动制动机及复示信号	一短声 ·	1. 试验制动机开始减压时 2. 接到试验制动结束的手信号，回答试风人员时 3. 调车作业中，表示已接受调车长所发出的手信号时
缓解及溜放信号	二短声 · ·	1. 试验制动机缓解时 2. 要求列车乘务组缓解人力制动机时 3. 复示溜放调车信号时

二、出库、出段信号显示及意义

（一）调车色灯信号机的显示方式

（1）如图 3－1 所示，一个月白色灯光——准许越过该信号机调车。

（a）高位　　（b）低位

图 3－1　一个月白色灯光

（2）如图 3－2 所示，一个蓝色灯光——不准越过该信号机调车。

（a）高位　　（b）低位

图 3－2　一个蓝色灯光

（二）手信号显示及意义

（1）停车信号：要求列车停车。

如图 3－3 所示，昼间——展开的红色信号旗；夜间——红色灯光。

如图 3－4 所示，昼间无红色信号旗时，两臂高举头上向两侧急剧摇动；夜间无红色灯光时，用白色灯光上下急剧摇动。

（a）昼间　　（b）夜间

图 3－3　停车手信号（一）

（a）昼间　　（b）夜间

图 3－4　停车手信号（二）

（2）道岔开通信号：表示进路道岔准备妥当。

如图 3－5 所示，昼间——拢起的黄色信号旗高举头上左右摇动；夜间——白色灯光高举头上。

（a）昼间　　（b）夜间

图 3－5　道岔开通信号

机车出入段进路道岔准备妥当后，显示如下道岔开通信号：

如图 3－6 所示，昼间——展开的黄色信号旗高举头上左右摇动；夜间——黄色灯光高举头上左右摇动。

（a）昼间　（b）夜间

图 3－6　段内道岔开通信号

“道岔开通信号”是在调车机车作业及机车出入段时所经过的进路上，扳道员已将有关道岔准备妥当并已确认进路安全后，向有关行车人员显示的联系信号。为了区别一般调车作业与机车出入段的不同性质，所以规定了不同的信号显示方式。

（3）股道号码信号：要道或回示股道开通号码。

一道：昼间——两臂左右平伸；夜间——白色灯光左右摇动。一道手信号如图 3－7 所示。

（a）昼间　（b）夜间

图 3－7　一道手信号

二道：昼间——右臂向上直伸，左臂下垂；夜间——白色灯光左右摇动后，从左下方向右上方高举。二道手信号如图 3－8 所示。

（a）昼间　（b）夜间

图 3－8　二道手信号

三道：昼间——两臂向上直伸；夜间——白色灯光上下摇动。三道手信号如图 3－9 所示。

（a）昼间　　（b）夜间

图 3－9　三道手信号

四道：昼间——右臂向右上方，左臂向左下方各斜伸 45°角；夜间——白色灯光高举头上左右小动。四道手信号如图 3－10 所示。

（a）昼间　　（b）夜间

图 3－10　四道手信号

五道：昼间——两臂交叉于头上；夜间——白色灯光作圆形转动，五道手信号如图 3－11 所示。

（a）昼间　　（b）夜间

图 3－11　五道手信号

六道：昼间——左臂向左下方，右臂向右下方各斜伸 45°角；夜间——白色灯光作圆形转动后，再左右摇动。六道手信号如图 3－12 所示。

（a）昼间　　（b）夜间

图 3－12　六道手信号

七道：昼间——右臂向上直伸，左臂向左平伸；夜间——白色灯光作圆形转动后，左右摇动，然后再从左下方向右上方高举，七道手信号如图 3－13 所示。

（a）昼间　　（b）夜间

图 3－13　七道手信号

八道：昼间——右臂向右平伸，左臂下垂；夜间——白色灯光作圆形转动后，再上下摇动。八道手信号如图 3－14 所示。

（a）昼间　　（b）夜间

图 3－14　八道手信号

九道：昼间——右臂向右平伸，左臂向右下斜45°角；夜间——白色灯光作圆形转动后，再高举头上左右小动，九道手信号如图3－15所示。

（a）昼间　（b）夜间

图3－15　九道手信号

十道：昼间——左臂向左上方。右臂向右上方各斜伸45°角；夜间——白色灯光左右摇动后，再上下摇动作成十字形，十道手信号如图3－16所示。

（a）昼间　（b）夜间

图3－16　十道手信号

十一至十九道，须先显示十道股道号码，再显示所要股道号码的个位数信号。

二十道及其以上的股道号码，各站根据需要自行规定。

（4）连结信号：表示连挂作业。

昼间——两臂高举头上，使拢起的手信号旗杆成水平末端相接；夜间——红、绿色灯光（无绿色灯光的人员，用白色灯光）交互显示数次。连结手信号如图3－17所示。

（5）取消信号：通知将前发信号取消。

昼间——拢起的手信号旗，两臂于前下方交叉后，急向左右摇动数次；夜间——红色灯光作圆形转动后，上下摇动。取消手信号如图3－18所示。

（6）要求再度显示信号：前发信号不明，要求重新显示。

（a）昼间　（b）夜间

图3－17　连结手信号

（a）昼间　（b）夜间

图3－18　取消手信号

昼间——拢起的手信号旗右臂向右方上下摇动；夜间——红色灯光上下摇动。再度显示手信号如图3－19所示。

（a）昼间　（b）夜间

图3－19　再度显示手信号

（7）告知显示错误的信号：告知对方信号显示错误。

昼间——拢起的手信号旗两臂左右平伸同时上下摇动数次；夜间——红色灯光左右摇动。告知显示错误手信号如图 3－20 所示。

（a）昼间　　（b）夜间

图 3－20　告知显示错误手信号

（8）指挥机车向显示人方向来的信号。

昼间——展开的绿色信号旗在下部左右摇动；夜间——绿色灯光在下部左右摇动。向显示人方向来手信号如图 3－21 所示。

（a）昼间　　（b）夜间

图 3－21　向显示人方向来手信号

（9）指挥机车向显示人方向稍行移动的信号。

昼间——拢起的红色信号旗直立平举，再用展开的绿色信号旗左右小动；夜间——绿色灯光下压数次后，再左右小动。向显示人方向稍行移动手信号如图 3－22 所示。

（10）指挥机车向显示人反方向去的信号。

昼间——展开的绿色信号旗上下摇动；夜间——绿色灯光上下摇动。向显示人反方向去手信号如图 3－23 所示。

（11）指挥机车向显示人反方向稍行移动的信号。

（a）昼间　（b）夜间

图 3－22　向显示人方向稍行移动手信号

（a）昼间　（b）夜间

图 3－23　向显示人反方向去手信号

昼间——拢起的红色信号旗直立平举，再用展开的绿色信号旗上下小动；夜间——绿色灯光上下小动。向显示人反方向稍行移动手信号如图 3－24 所示。

（a）昼间　（b）夜间

图 3－24　向显示人反方向稍行移动手信号

三、段内动车的注意事项

（1）摘解机车时，确认遗留机车实施防溜措施后方可摘开车钩。

（2）移动机车前，应确认相关人员处于安全处所，防溜撤除，注意邻线机车、车辆的移动情况。动车前要确认车下无人，全员上车。

（3）双班司机操纵机车在段内走行时，要求学习司机（非操纵司机）站立瞭望。

（4）段内走行时，应严守速度规定，不得超过 15 km/h。

（5）走行过程中由近至远逐一呼唤、确认调车信号及道岔开通位置（手扳道岔应手比确认），接近调车信号 20 m 前，学习司机须手比确认。

四、连挂作业前准备工作

全员确认挂车股道与车站通知一致。进入挂车线后，应严格控制机车速度，执行十、五、三车和一度停车规定，确认脱轨器（见图 3－25）、防护信号及停留车位置。距脱轨器、防护信号、车列 10 m 前必须停车，手比、呼唤确认脱轨器、车体两侧防护信号撤除。学习司机在固定脱轨器处显示连结信号使机车全部越过（受距离限制时，机车第一动轮越过固定脱轨器后即可停车），操纵端司机室越过后收回。遇异常情况时及时呼喊司机停车，并显示停车手信号。单班单司机值乘及固定调车机车在固定脱轨器前停车确认。

图 3－25　脱轨器

五、机车与第一辆车连挂的规定

列车机车与第一辆车的连挂，由机车乘务员负责。单班单司机值乘的由列检人员负责；无列检作业的列车，由车辆乘务员负责；无车辆乘务员的列车，由车站人员负责。

列车机车与第一辆车的车钩摘解、软管摘结，由列检人员负责。无列检作业的列车，车钩、软管摘解由机车乘务员（单班单司机值乘的由车辆乘务员）负责，软管连结由车辆乘务员负责；无车辆乘务员的列车，由机车乘务员（单班单司机值乘的由车站人员）负责。

列车机车与第一辆车电气连接线的连结与摘解由客列检作业人员负责，无客列检作业人员时，由车辆乘务员负责。

货物列车本务机车在车站调车作业时，无论单机或挂有车辆，与本列的车辆摘挂和软管摘结，均由调车作业人员负责。

旅客列车在途中摘挂车辆时，车辆的摘挂和软管摘结，由调车作业人员负责，密封风挡和电气连接线的连结与摘解由车辆乘务员负责，其他由列检作业人员负责，无列检作业人员时，由车辆乘务员负责，必要时打开车门，以便于调车作业。装有密接式车钩的客车车辆摘挂时，过渡车钩的安装与拆卸由列检人员负责，无列检人员时由车辆乘务员负责。

列车机车与动车组过渡车钩的连结与摘解、软管摘结、电气连接线的连结与摘解，由随车机械师负责。

实训设备

HXD$_3$型电力机车仿真操纵台、内燃机车仿真操纵台、手电筒、信号旗、司机手册

实训操作安全注意事项

1. 运行模拟仿真软件时，要耐心等待，爱护实训设备，禁止野蛮操作。
2. 遇到特殊情况及时与实训指导教师沟通。

实训步骤

第一步　机车出段

1. 内燃机车出段

（1）柴油机启机后，按压监控器出入段键，确认监控器进入出入段模式，限速15 km/h。

（2）单阀制动、缓解作用良好时，方准缓解手制动机，撤除止轮器。

（3）联控（鸣示要求出段信号）出段，调车信号（道岔开通信号）开放后，在第一架调车信号前，司机、学习司机在信号侧开窗、开门，共同探头呼唤、手比确认信号，鸣笛动车。

（4）机车单阀置运转位，将换向手柄置前牵位，主手柄置1位动车。

（5）按规定时间出段，出库闸楼处一度停车，学习司机交验设备检测合格证、报单签点，了解挂车股道并向司机报告，司机复诵。

（6）LKJ退出出入段模式，进入调车模式。确认信号，车机联控，动车出段。

2. 电力机车出段

（1）司机确认具备升弓条件后升弓，闭合升弓开关。二人共同确认机车受电弓动作状态和受电弓滑板与接触网接触状态（一般要求机车升后弓），同时确认接触网电压，接触网额定电压为25 kV。

（2）闭合主断路器开关（闭合主断路器前确认主手柄级位在“0”位），并确认主断路器是否闭合。

（3）闭合空压机开关并确认总风缸压力在750 kPa以上，否则空压机自动向机车总风缸补风，此时机车具备走车条件。

（4）按压监控器出入段键，确认监控器进入出入段模式，限速15 km/h。

（5）单阀制动、缓解作用良好时，方准缓解手制动机，撤除止轮器。

（6）联控（鸣示要求出段信号）出段，调车信号（道岔开通信号）开放后，在第一架调车信号前，司机、学习司机在信号侧开窗、开门，共同探头呼唤、手比确认信号，鸣笛动车。

（7）机车单阀置运转位，将换向手柄置前牵位，主手柄置1位动车。

（8）按规定时间出段，出库闸楼处一度停车，学习司机交验设备检测合格证、报单签点，了解挂车股道并向司机报告，司机复诵。

（9）LKJ退出出入段模式，进入调车模式。确认信号，车机联控，动车出段。

第二步　连挂作业

连挂作业人员应在司机侧显示手信号，但遇有高站台并由机车乘务员负责连挂时，在非站台侧显示手信号。

（1）确认脱轨器及车体两侧防护信号撤除、相关人员处于安全位置，使机车或车辆车钩处于“全开位”后，面向司机显示“连结”信号，再面向车列显示“向显示人方向稍行移动”的信号。发现钩位不正等需进行调整时，必须先显示停车信号，确认机车停稳、通知司机后进行调整。

（2）司机确认脱轨器、防护信号撤除，确认连结信号、相关人员处于安全位置后鸣笛动车，以不超过5 km/h速度平稳连挂，根据需要适量撒砂。

（3）连挂后，连挂作业人员显示“停车”信号，司机鸣笛回示。连挂作业人员检查车钩锁闭状态后，向司机显示“向显示人反方向稍行移动”的信号，司机确认机车距出站或进路信号机距离后鸣笛试拉。试拉后，连挂作业人员确认可靠连结后显示“停车”信号。

（4）作业完毕，连挂作业人员显示“好了”信号，司机鸣笛回示。未成功连挂时重新作业。列检人员、车辆乘务员进入机车与车辆间处理车钩等故障时，须通知司机反向移动，并显示“摘解”信号，司机换端后操纵，移动6 m左右停车。

（5）连结软管后，先开机车折角塞门，后开车辆折角塞门。开折角塞门时，折角塞门手把与制动主管平行。

（6）司机必须在运行方向前端司机室或与运行方向一致的操纵台操纵，但调车作业推进运行及连挂作业试拉时除外。单司机室的固定调车机，可固定操纵台操纵。

（7）司机实施最大有效减压后，单阀置运转位，全员确认制动缸压力达到定压，取出并携带单阀、换向手柄及电钥匙（SS_9型机车不换受电弓时除外），和谐型机车将自阀置于重联位后插入定位销。学习司机在司机侧监控机车制动缸压力，遇有制动缸压力下降立即采取有效措施。司机至另一端或另一操纵台后单阀全制动，插入换向手柄鸣笛一短声（单司机室可不鸣笛）。学习司机听到司机鸣笛后回示，携带自阀手柄，锁闭门、窗至另一端。单班单司机换端，不得在机械间停留。

考核标准

任务单

任务编号	3－1	任务名称	出段与挂车作业	
序号	检查内容		是	否
段内动车准备工作				
1	口述段内动车凭证（信号）			
2	口述段内动车的注意事项			
段内动车				
3	确认条件，升弓作业			
4	合主断路器			
5	确认总风缸压力			
6	监控器进入出入段模式			
7	单阀试验			
8	确认出段信号			
9	段内行走			
10	停车签点			
11	退出出入段模式，进入调车模式			
连挂作业				
12	确认脱轨器、车辆防护信号状态			
13	连挂作业人员显示连接信号，司机操纵机车，注意速度限制			
14	连挂作业人员显示停车信号、检查车钩连接状态并显示试拉信号，司机进行操纵			
15	连挂作业人员按规定打开折角塞门			
16	换端操作			

考核评价表

任务编号	3-1	任务名称	出段与挂车作业

班级		任务小组		任务执行人		学号	

序号	评价内容	标准分值	自我评分	组内评分
1	是否积极参与实训任务讨论，是否正确领会任务要求	5		
2	是否积极参与实训预备知识的学习和讨论，是否完全掌握学习内容	5		
3	是否积极参与实训计划制订，是否提出建设性意见	5		
4	是否制订了可行的实训任务方案	5		
5	是否认真履行个人角色，是否积极参与实训任务演练	5		
6	是否有效使用实训任务单保证任务顺利进行	5		

序号	评价内容 （任务展示、评价阶段）		标准分值	组间评分	教师评分
			70		
1	出段及挂车检查程序	共16条程序（参看任务单）。每条4分，操作错误、顺序颠倒、呼喊漏项为程序错误，视情节扣分	64		
2	假设处理	共2个故障假设。每个假设3分，没有发现故障假设开车得0分	6		
3	作业时间	标准时间15 min。标准时间以内不扣分；每超过标准时间1 min扣1分；超标准时间5 min以上，每超1 min扣2分；超标准时间10 min以上，判为任务操作失败	无基础分值		
4	作业安全	出现危险操作，判为任务操作失败	无基础分值		
总评分值					

实训任务四

发车作业

实训任务简介

机车乘务员连挂作业完成后，司机复检机车、接取货票及编组顺序通知单、正确输入监控数据；司机与列检作业人员配合完成制动机试验；机班全员确认地面信号机显示，与车站接发车人员交付行车凭证，完成发车作业程序，司机操纵列车平稳发车。

实训目的

- 能进行监控数据的正确输入，计算列车长度。
- 能按规定进行列车制动机试验。
- 能按规定交付行车凭证，完成发车前的准备工作。
- 能正确操纵列车发车。

实训任务

1. 按规定着装，携带工具资料。
2. 司机复检机车项目并口述内容。
3. 完成供电系统电力联线连接。
4. 完成票据的交接。
5. 输入数据。
6. 完成列尾装置操作。
7. 完成列车制动机试验。
8. 平稳发车。
9. 对发现的故障及时进行记录并反馈。

实训预备知识

一、发车前的准备工作

机车挂车后，司机应利用发车之前的这段时间将相关数据输入监控装置，确认机车信号上下行开关位置与列车运行方向相符，确认操纵台各仪表显示正常。

（一）制动机试验

建立列尾“一对一”关系。设有检充点的车站，由列尾作业人员负责该项工作，未设检充点的车站，由机车乘务员负责该项工作。司机按压控制盒查询尾部风压，核对机车号和风压数值正确。旅客列车机车连挂后，车辆乘务员将客列尾主机 ID 号、通信联系方式书面提供给司机，并与司机联系建立 LBJ 与 KLW 的“一对一”关系。

（二）简略试验

（1）司机确认达到规定的压力后（不得使用过充位充风），使用自阀减压 100 kPa，对照列车排风时间表核对排风时间，并保压 1 min，确认制动主管泄漏量每分钟不超过 20 kPa。发现充、排风时间短等异常或制动主管泄漏量每分钟超过 20 kPa，通知列检或车站人员检查处理。装有防折关装置的机车应确认制动主管贯通情况。

司机应注意瞭望列检人员的试验信号，并按规定鸣笛回答。列检简略试验后，实际发车时间超过 20 min 时，发车前列检对无列尾装置或列尾装置故障的列车须重新进行简略试验。

挂有列尾装置时，根据车站通知的开车时间，由司机负责简略试验，并查询尾部风压。由司机负责简略试验时，车站值班员在发车前 4 min 通知司机。

（2）由车站人员负责简略试验时，助理值班员到达列车尾部后通知司机进行简略试验。司机缓解列车并确认达到规定的压力后，使用自阀减压 100 kPa 并保压 1 min，测定列车管贯通状态。助理值班员检查、确认列车最后一辆车制动活塞伸出并通知司机尾部车辆已制动。司机检查列车管压力下降每分钟不超过 20 kPa 后，缓解列车。助理值班员确认伸出的制动活塞收回后，通知司机尾部车辆已缓解。

助理值班员使用列车无线调度通信设备联系简略试验时，可不显示有关信号，司机可不鸣笛应答。

（3）列车制动机试验时，减压前、排风结束后、缓解前，司机须按压 LKJ 定标键记录充、排风时间，作为本次乘务列车操纵和制动机使用的参考依据。制动机排风口设在机械间的机车，在进行制动机试验时应开启机械间门或侧窗；设有流量表的机车应同时注意流量表显示。

（4）每次进行制动机试验时，操纵司机须在司机手册内记录站名、制动时间、减压量、排风时间、缓解压力、保压时间、充风时间。

（5）列车制动机简略试验、确认贯通后（得到制动机试验完了的通知，挂有列尾装置时为尾部风压达到定压)，不能立即开车时（指进路、出站信号机未开放时)，司机须使列车保持制动（制动主管减压 100 kPa 及以上)，直至发车前出站（发车进路）信号机开放后，方能缓解列车制动。

（6）遇下列情况时进行简略试验。

①客列检作业后，旅客列车始发前。

②更换机车或更换乘务组时；无列检作业的始发列车发车前。

③列车软管有分离情况时；列车停留超过 20 min 时。

④列车摘挂补机，或第一机车的自动制动机损坏交由第二机车操纵时。

⑤机车改变司机室操纵时。

⑥单机附挂车辆时。

（7）挂有后部补机并连结软管时，简略试验由本务司机与补机司机负责，联系用语（制动前、制动后、缓解后）如下。

本务司机：××（次）后部补机核对风压。

补机司机：××（次）尾部风压××千帕。

本务司机：××（次）尾部风压××千帕，司机明白。

（8）列车在始发站开车前，列车管减压 100 kPa 以上，单阀缓解，司机确认闸瓦缓解间隙或闸片与轮盘间隙（高站台车站对非高站台侧进行检查)。多台机车重联、附挂时，其他机车司机应在本务机车检查完毕后分别检查。发现闸瓦缓解间隙不符合规定的立即进行调整，并在调整间隙后，进行制动试验，检查确认制动作用（HXN_3型机车单司机值乘时除外)。

（9）制动试验结束后，确认防护信号撤除。机车连挂后，在未撤除防护信号前，禁止移动机车。

（三）全部试验

（1）自阀减压 50 kPa（编组 60 辆及 60 辆以上时为 70 kPa）并保压 1 min，对列车制动机进行感度试验，全列车必须发生制动作用，并不得发生自然缓解，司机检查制动主管泄漏量，每分钟不得超过 20 kPa。手柄移至运转位后，全列车须在 1 min 内缓解完毕。

（2）自阀施行最大有效减压（制动主管定压 500 kPa 时为 140 kPa，定压 600 kPa 时为 170 kPa)，对列车制动机进行安定试验，以便检车员检查列车制动机，要求不发生紧急制动，并检查制动缸活塞行程或制动指示器是否符合规定。

（3）遇下列情况时进行全部试验。

①货车列检对解体列车到达后施行一次到达全部试验，对编组列车始发前施行一次始发全部试验，对有调车作业中转列车到达后首先施行到达全部试验，发车前只施行始发全部试验中的泄漏试验。

②货车特级列检和安全保证距离在 500 km 左右的一级列检对无调车作业中转列车始发前施行一次始发全部试验。

③无列检作业场车站始发的列车，在途经第一个列检作业场进行无调车中转技术检查作业时施行一次始发全部试验。

④列检作业场对运行途中自动制动机发生故障的到达列车。

⑤旅客列车库内检修作业。

⑥在有客列检作业的车站折返的旅客列车。

站内设有试风装置时，应使用列车试验器试验，连挂机车后只做简略试验。对装有空气弹簧等装置的旅客列车应同时检查辅助用风系统的泄漏。

（四）持续一定时间的保压试验

在长大下坡道前方的列检作业场需进行持续一定时间的保压试验时，应在列车制动机按全部试验方法试验后，自阀减压 100 kPa 并保压 3 min，列车不得发生自然缓解。

列车制动机进行持续一定时间的全部试验后，列检填发制动效能证明书交与司机。

（五）确认关门车辆数

关门车数超过现车总辆数的 6% 时，有列检作业的由列检人员填发制动效能证明书；无列检作业的由车站填写闸瓦压力计算表，司机交接签认。当每百吨列车重量的换算闸瓦压力低于《铁路技术管理规定》及本区段列车运行规定时，司机向车站值班员报告，列车调度员发布限速运行的调度命令。

（六）旅客列车五必查

列车制动机试验减压前；列车制动机试验缓解后列车管风表未达到定压时；始发（停车）站、区间停车开车后；重新建立客列尾系统连接时（折角换挂或更换列尾主机）；排风时间异常、制动力弱、列车不能正常起动等异常情况。

（七）货物列车八必查

制动机试验减压前；列车管排风结束后；列车缓解后（在列车管未达到定压时）；起动列车前，司机须确认列尾风压稳定上升；全列起动后；列车进站前；运行途中接近列尾装置盲区区段前和越过盲区区段后；运行途中接近长大下坡道前。

（八）复检机车

挂车后机车全制动，司机复检机车，确认机车与第一辆车的车钩、软管连结和折角塞门状态。

（1）车钩中心水平线的差度不超过 75 mm。

（2）两车钩均在落锁状态。

（3）软管连结器不泄漏。

（4）两车钩提杆均落座（无抗劲）。

（5）车钩锁闭良好，并装好防跳穿销。

（6）机车软管吊挂、防尘堵放于规定位置（单机时检查两端）。

（7）确认砂路畅通。

（8）确认走行部、蓄电池箱门、牵引电机盖等锁闭良好。

（九）连接供电系统电力联线

（1）断开主断路器、降下受电弓，司机在机车列车供（断）电交接记录簿上签认时间、姓名。

（2）在机车与客车连接处站台侧，车辆乘务员将供电钥匙交与客列检，客列检在机车列车供（断）电交接记录簿上签认时间、姓名。

（3）作业完毕，车辆乘务员在机车与客车连接处站台侧，将供电钥匙交回司机，请求供电，并在机车列车供（断）电交接记录簿上签认时间、姓名。

（4）司机接到供电钥匙，在车辆乘务员保存的列车供（断）电交接记录簿上签认时间、姓名后，方可升弓、合主断（供电柴油机起机），向列车供电。

（5）机车升弓后，空气压缩机正常工作，司机鸣笛三短声，通知客列检打开折角塞门。

（6）担当向客车供电的机车须于始发前50 min到达站台连挂位置，保证开车前40 min供电。

（十）票据交接与保管

（1）货运票据实行封票交接，由车站封固后，连同列车编组顺序表及列车编组通知单一并交机车乘务员，机车乘务员保证票据完好。

列车运行前方作业站，机车乘务员与接车人员在机车停车处地面交接，车站接收票据人员在司机手册中签字，司机接收时在货运票据交接簿中签字。

在换乘站，机车乘务员间相互交接货运票据、列车编组顺序表和列车编组通知单；到达机车乘务员向车站递交列车编组顺序表。

加挂补机时，车站另向补机司机递交列车编组通知单。

（2）“客运列车编组通知单”交接。

①在始发站由车站人员与司机办理交接。交递列车编组顺序表的同时，应交递客运列车编组通知单；加挂车辆时，还应交递客运列车挂车通知单。

②中途换挂机车时，到达司机与车站间、车站与出发司机间办理交接。仅更换机车乘务组时，机车乘务组之间办理交接。

③途中摘挂车辆时，车站负责修改列车编组顺序表。

④列车到达终到站后，司机与车站办理交接。

⑤客运列车编组通知单由始发站交机车乘务员，长交路轮乘制应满足每班乘务员各一份。客运列车编组顺序表中列车车次应为实际开行车次，途中需改变运行方向列车填记复车次应为实际开行车次。

⑥车站、司机间交接客运列车编组顺序表、客运列车编组通知单、客运列车挂车通知单时，均须签字交接。司机接收时在车站客运列车编组顺序表（通知单）交接簿上签字。

车站与司机的交接地点均为机车停留位置。

（十一）输入数据

司机按照监控提示卡输入监控数据（见图 4－1），学习司机核对。确认司机号、副司机号、区段号、车站号、车种、车次、客/货、本/补、总重、辆数、计长等数据正确，开车灯点亮。根据运行交路选定 CIR 通信模式，运行中根据提示信息或通信转换标志正确转换通信模式。

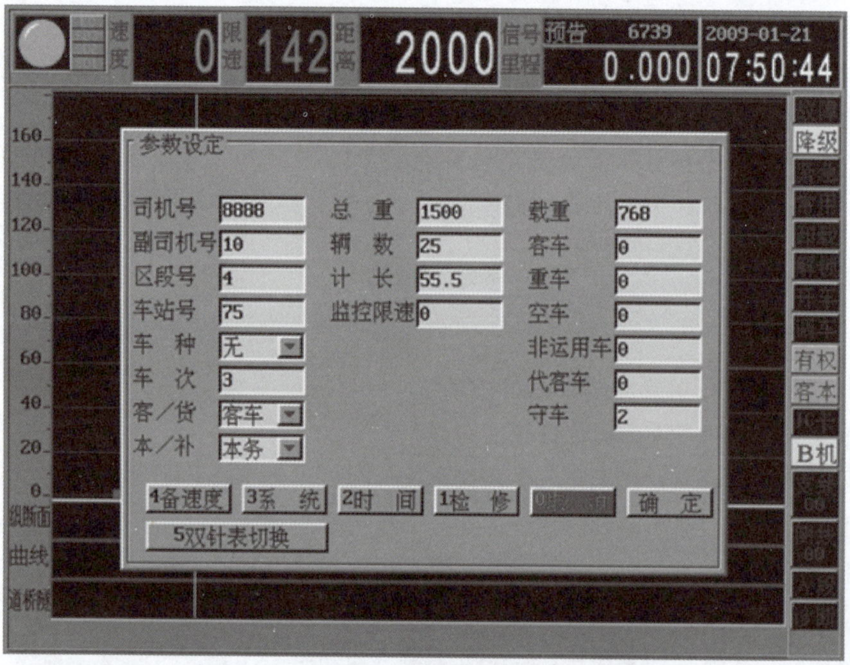

图 4－1 司机按照监控提示卡输入监控数据

（十二）计算列车长度

学习司机（单班单司机时为司机）计算列车长度，记入司机手册记事栏“××m”。

列车计算长度 $A=B+C+D$。式中：全列车长度 $B=$ 换算长度 $\times 11+$ 机车长度，全列车钩伸张间隙 $C=$ 辆数 $\times 0.15$，尾部安全距离 D（站线 1 050 m 及以上为 20 m，站线 1 050 m 以下为 10 m）。

（十三）启动列车前试验

将单独制动阀移至全制动位，将换向手柄移动至前进位，将主手柄瞬间移至一位，使机车加载，并瞬间回零，目的是确认机车牵引状态，为列车起动做好准备工作。

二、发车前应具备的条件

(1) 发车前 3 min，全员登上司机室，并再次确认各开关状态及手柄位置。

(2) 司机再次确认列尾装置控制盒绿色键，检查列尾列车管压力是否与机车制动主管压力相符。

(3) 两人共同确认占用区间的行车凭证，调度命令，进路表示器，并严格执行“车机联控”制度和呼唤应答制度，做到没有凭证不喊信号，高声呼唤，手比眼看。机车乘务员呼唤应答如图 4-2 所示。

图 4-2　机车乘务员呼唤应答

学习笔记

三、发车

（1）全员确认出站、进路信号显示，具有多方向的须确认进路表示器显示正确。非正常情况下确认行车凭证正确。

装有进路表示器的出站信号机，当该表示器不良时，由办理发车人员通知司机后，列车可凭出站信号机的显示出发。

（2）确认 LKJ 工况显示与换向手柄位置一致，上下行开关位置、机车信号显示正确。

（3）旅客列车开车前，信号开放后，司机主动询问进路。其他列车，信号开放后，接到车站值班员出站或发车进路“好了”的联控后，司机确认信号正确后复诵；未得到车站值班员通报进路时，司机应主动询问。

（4）确认发车信号。

①由发车人员直接向司机显示发车信号，通信记录装置良好的车站，准许使用列车无线调度通信设备发车。

旅客列车一律使用手信号灯（旗）发车。列车发车由车站外勤助理值班员负责。遇有降雾、暴风、雨、雪天气或列车较长、邻线停留车及曲线影响视线等情况时，车站发车人员使用列车无线调度通信设备（其通信记录装置须良好）发车，在通信记录装置不良时，直接向司机显示发车信号。

②确认发车信号时须全员在发车信号侧呼唤、手比“三圈”，双人值乘区段，两人分别开门、窗。遇天气不良或特殊情况下确认发车信号困难时，司机应使用列车无线调度通信设备进行确认。发车手信号如图 4－3 所示，机车乘务员确认发车手信号如图 4－4 所示。

（a）昼间　　（b）夜间

图 4－3　发车手信号

确认发车信号手势时，手臂伸直握拳指向发车手信号方向，根据圈数相应伸出小指、无名指、中指，同时呼唤：发车信号一圈、两圈、三圈，好了。

图 4-4　机车乘务员确认发车手信号

③旅客列车在乘降所（不包括按乘降所办理的车站）一停再开时，车辆乘务员在列车尾部得到客运乘务员确认旅客乘降完毕鸣哨的通知后发车。车辆乘务员使用列车无线调度通信设备通知司机发车，列车无线调度通信设备故障，使用手信号灯（旗）发车。

（5）确认发车后，制动机手柄位置正确，各仪表显示正常，查询列尾风压正常，鸣笛起车。

货物列车起动困难时，可适当压缩车钩，但不应超过总辆数的三分之二。压缩车钩后，在机车加载前，不得缓解机车制动。

内燃机车提手柄、电力机车进级时，牵引电流（功率）稳定上升。当列车不能起动或起动过程中空转不能消除时，应迅速调整主手柄位置，重新起动列车。

（6）后部瞭望。

①双班值乘区段，全列起动 10 m 后站台侧、非站台侧交替进行后部瞭望（单机除外），确认可视范围内机车、车辆状态，相关作业人员、旅客等情况，发现影响行车安全时，及时采取停车措施。

②在区间乘降所停车办理客运业务时，开车前司机须对乘降侧进行后部瞭望。列车起动后再次瞭望。

③单司机值乘时，开车后可不进行后部瞭望。

（7）站立瞭望。

①进、出站时站立瞭望时机。

列车起动，学习司机站立瞭望至进路或出站信号机平齐处；车站通过，在进站信号机平齐处站立、出站信号机平齐处坐下；站内停车，在进站信号机平齐处站立，停车后坐下（单端司机室的 HXN_5 型机车长端在前时除外）。

对于多个站场的车站，列车通过时，学习司机在助理值班员接车场进路信号机处站立，停车时在停车场进路信号机处站立。

②双班单司机值乘时，间休司机应在非操纵端休息。在学习司机侧值乘时，须坐姿端正、按规定站立瞭望。机车乘务员站立确认信号如图 4－5 所示。

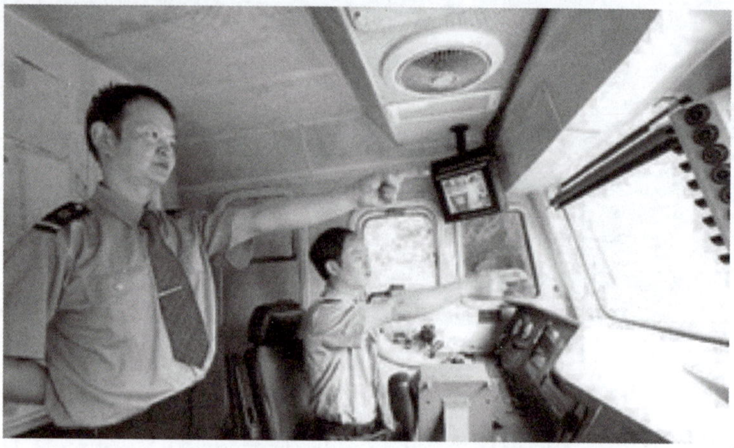

图 4－5 机车乘务员站立确认信号

（8）对标开车。司机操作监控装置在规定地点进入监控状态，监控装置在规定地点对标开车，一般为出站信号机处，按压监控装置开车键，使监控装置处于监控模式，学习司机提示道岔限速。对于旅客列车，司机预报下一停车站或停车的乘降所。

（9）司机手册记点。列车在停、开，通过车站时均应记点。全列出站，先呼唤后记点，遇黄、红信号及道口、曲线、桥梁、隧道等需加强瞭望时不允许记点。

单司机值乘时，只在列车停、开及局间分界站通过时记点，记点须在停车状态进行。双班单司机值乘时谁操纵谁记点，分别按担当区段在各自司机手册记点。

（10）起动稳，加速快，精心操纵，按规定鸣笛，随时检查机车总风缸、制动主管、制动缸的压力及各仪表的显示，注意接触网状态。

接触网挂有异物时，要立即采取停车措施，电力机车同时迅速降下受电弓。接触网临时停电或异常时，要迅速断开主断路器、降下受电弓，立即采取停车措施。

（11）根据昼夜变化及恶劣天气、隧道内瞭望距离不足等情况，及时开放机车头灯、标志灯。

（12）机车登乘。机车乘务组以外人员登乘机车时，须凭登乘机车证登乘。登乘机车的人员在不影响乘务人员工作的前提下，经司机检验、准许后方可乘坐。一台机车的登乘人数除特殊需要外，不得超过 2 人。登乘机车的人员不得在非操纵端乘坐。无登乘证件的人员严禁登乘机车。机车乘务员对非法登乘机车的人员劝阻无效时，有权不开车，报请车站处理。

非机务人员不允许在学习司机侧乘坐。添乘人员在学习司机侧值乘时，须坐姿端正、按规定站立瞭望。

实训设备

HXD_3型电力机车仿真操纵台、内燃机车仿真操纵台、司机手册、手电筒、信号旗、司机手册、运行揭示、施工明示图等。

实训操作安全注意事项

1. 运行模拟仿真软件时，要耐心等待，爱护实训设备，禁止野蛮操作。
2. 遇到特殊情况及时与实训指导教师沟通。

实训步骤

第一步　复检机车

连挂作业完成后，司机进行换端操作。司机下车检查机车与第一辆车车钩、软管连接状态，折角塞门开放状态。

第二步　输入列车监控数据

根据货票基础数据，输入监控数据。

第三步　列车制动机试验

司机与列检人员配合，对列车制动机进行简略试验。完成发车前的准备工作。

第四步　发车

（1）确认地面信号机开放允许列车运行的信号。

（2）确认机车信号机显示允许列车运行的信号。

（3）进行车机联控，交付行车凭证。

【示例】主班："锦州站，（电）28620次询问出发进路。"

车站值班员："（电）28620次16道出发进路信号好了，沈山上行线锦州—桃园站间，244 km + 300 m ~ 245 km + 080 m 限速45 km/h。"

主班："（电）28620次16道出发进路信号好了，沈山上行线锦州—桃园站间，244 km + 300 m ~ 245 km + 080 m 限速45 km/h，司机明白。"

（4）确认地面人员显示的发车手信号，机班共同确认，数到三圈，准备发车。

（5）司机按照标准起动列车。

①司机鸣笛一长声。

②缓解列车制动机，单缓小闸。

③操纵机车，起动列车，注意防止空转。

（6）副班司机站立瞭望；交替进行后部瞭望。

（7）司机在规定地点，按压监控装置开车键，监控装置进入监控模式，记点。

学习笔记

考核标准

任务单

任务编号	4-1	任务名称	发车作业	
序号	检查内容		是	否
发车前准备工作及发车				
1	口述登乘机车的规定			
2	确认机车与第一辆车的车钩、软管连接和折角塞门状态			
3	车钩中心水平线的差度不超过 75 mm			
4	软管连接器不泄漏			
5	车钩锁闭良好并安装好防跳穿销			
6	两车钩提杆均落座且无抗劲			
7	机车软管吊挂、防尘堵放于规定位置			
8	确认走行部、蓄电池箱门、牵引电机盖等锁闭良好			
9	确认砂路畅通			
10	完成连接供电系统电力联线操作			
11	完成票据交接，输入监控数据，计算列车长度			
12	司机建立列尾主机与司机控制“一对一”关系，按规定进行列车制动机试验			
13	确认地面信号			
14	确认工况、机车信号			
15	联控确认信号			
16	确认地面发车信号			
17	起动列车			
18	后部瞭望			
19	对标开车			
20	司机记点			

考核评价表

<table>
<tr><td>任务编号</td><td>4－1</td><td colspan="3">任务名称</td><td colspan="3">发车作业</td></tr>
<tr><td>班级</td><td></td><td>任务小组</td><td></td><td>任务执行人</td><td></td><td>学号</td><td></td></tr>
</table>

<table>
<tr><td>序号</td><td colspan="2">评价内容</td><td>标准分值</td><td>自我评分</td><td>组内评分</td></tr>
<tr><td>1</td><td colspan="2">是否积极参与实训任务讨论，是否正确领会任务要求</td><td>5</td><td></td><td></td></tr>
<tr><td>2</td><td colspan="2">是否积极参与实训预备知识的学习和讨论，是否完全掌握学习内容</td><td>5</td><td></td><td></td></tr>
<tr><td>3</td><td colspan="2">是否积极参与实训计划制订，是否提出建设性意见</td><td>5</td><td></td><td></td></tr>
<tr><td>4</td><td colspan="2">是否制订了可行的实训任务方案</td><td>5</td><td></td><td></td></tr>
<tr><td>5</td><td colspan="2">是否认真履行个人角色，是否积极参与实训任务演练</td><td>5</td><td></td><td></td></tr>
<tr><td>6</td><td colspan="2">是否有效使用实训任务单保证任务顺利进行</td><td>5</td><td></td><td></td></tr>
<tr><td rowspan="2">序号</td><td colspan="2" rowspan="2">评价内容
（任务展示、评价阶段）</td><td>标准分值</td><td>组间评分</td><td>教师评分</td></tr>
<tr><td>70</td><td></td><td></td></tr>
<tr><td>1</td><td>发车作业程序</td><td>共20条程序（参看任务单）。每条3分，操作错误、顺序颠倒、呼喊漏项为程序错误，视情节扣分</td><td>60</td><td></td><td></td></tr>
<tr><td>2</td><td>假设处理</td><td>共2个故障假设。每个假设5分，没有发现故障假设开车得0分</td><td>10</td><td></td><td></td></tr>
<tr><td>3</td><td>作业时间</td><td>标准时间15 min。标准时间以内不扣分；每超过标准时间1 min扣1分；超标准时间5 min以上，每超1 min扣2分；超标准时间10 min以上，判为任务操作失败</td><td>无基础分值</td><td></td><td></td></tr>
<tr><td>4</td><td>作业安全</td><td>出现危险操作，判为任务操作失败</td><td>无基础分值</td><td></td><td></td></tr>
<tr><td colspan="3">总评分值</td><td colspan="3"></td></tr>
</table>

实训任务五

途中运行作业

实训任务简介

途中运行作业是机车乘务员一次乘务作业的主要过程，其包括列车内操纵、呼唤应答、学习司机走廊巡视等作业内容，途中操纵的顺利完成直接影响列车行车的安全和正点，所以，机车乘务员必须熟悉本担当区段的线路情况，结合不同的牵引任务，不同的天气情况，综合制订操纵办法，使列车安全正点到达终点站，顺利完成一次乘务作业任务。同时，对于列车运行过程中发生的突发事故必须沉着冷静，妥善处理。

途中操纵的一般要求：起车加速快、途中速度高、利用惰力好、进站调速稳、停车位置准。

实训目的

- 能按照操纵示意图操纵列车，保证列车安全、正点。
- 能保证列车在不同条件下的运行安全。
- 能正确使用机车制动机。
- 能正确使用机车电制动。
- 能估算运行速度。
- 能进行非正常情况处理。

实训任务

1. 按规定着装，携带工具资料。
2. 按地面信号指示操纵列车。
3. 根据线路的纵断面控制列车运行速度。
4. 正确使用空气制动机调速、停车。
5. 正确使用电阻制动调速。
6. 根据不同天气类型，平稳操纵列车。
7. 正确应对突发事件，果断采取安全措施。

实训预备知识

一、列车操纵示意图

列车操纵示意图是机车乘务员操纵列车的主要依据。列车操纵示意图应包括以下内容。

(1) 列车速度曲线。

(2) 运行时分曲线。

(3) 线路纵断面和信号机位置。

(4) 站场平面示意图。

(5) 提、回手柄地点。

(6) 动力制动使用和退回地点。

(7) 空气制动减压量和缓解地点及速度。

(8) 区间限制速度及区段内各站道岔的限制速度。

(9) 机械间、走廊巡视时机。

(10) 接触网分相区地点。

(11) 各区间注意事项。

二、确认列车管贯通状态

(一) 旅客列车贯通试验

旅客列车起动后，司机与车辆乘务员核对尾部风压。遇车辆乘务员或司机换班，须使用列车无线调度通信设备相互通报姓名，时机为：在换班站列车起动越过出站信号机后，司机与车辆乘务员核对风压联控时，一并相互通报姓名、核对时钟。

在车站开车，全列越过出站或第一架进路信号机后核对尾部风压，装有列尾装置时还应查询风压。挂有后部补机并连结软管时，需查询、核对尾部风压时，由本务司机与补机司机使用无线调度通信设备联系，联系用语按制动机简略试验时的用语执行。

查询尾部风压时，应核对风压数值正确，并与列车主管风压同升降。

(二) 货物列车贯通试验

(1) 货物列车开车后，必须进行贯通试验（装有作用良好的列尾装置时除外）。货物列车在规定的贯通试验地点进行贯通试验时，司机确认制动主管排风结束、列车速度下降5 km/h及以上方可缓解，同时要确认机车风表压力、流量表及列车充排风时间。

(2) 全列空车进行贯通试验时，在条件允许时，对限速 80 km/h 的列车，速度应在70 km/h以上；对限速 68 km/h 的列车，速度应在 60 km/h 以上。全列空车进行贯通试验时的减压量不得超过 60 kPa，制动主管风未排完时不得缓解；制动主管排风结束后，速度低于30 km/h 时不得缓解，直至停车。

三、机车运行中注意事项

（1）根据列车速度，适当选择手柄位置。

（2）解除机车牵引力时，牵引手柄要在接近“0”位前稍做停留，再退回“0”位。

（3）过分相操作。

①有自动过分相功能的机车需使用自动过分相装置通过电分相，自动过分相装置必须全程运转，严禁人为切除自动过分相装置。

②通过分相绝缘器时，机班要加强互控，司机右手要提前做出预断手势，机车严格按“断”“合”电标位置，断开、闭合主断路器，防止带电过分相。

③通过分相前机车监控装置第一次语音提示“禁止双弓”时，司机应使用强泵风扳钮将机车总风缸风压升至900 kPa以上，以确保机车过分相时的总风压力。

a. 自动过分相操纵办法。自动过分相时换向手柄必须与机车运行方向一致，严禁随意转换，“断”电标前牵引手柄必须回“0”位。牵引手柄回“0”位后，司机右手在主断扳钮处做预断手势，做好应急断主断的准备。越过“断”电标时确认主断自动断开，手指主断图标，呼唤“断电好了”，注意确认“合”电标位置。自动过分相过程中，主断路器扳钮必须保持在“0”位，禁止置于“分”位或人为推至“合”位再复原至“0”位。

b. 自动过分相应急处置。自动过分相时如“断”电标处主断不能自动断开时，须立即操作主断路器扳钮置“分”位并保持，确认主断路器断开。通过“合”电标后，确认网压正常后，先将主断路器扳钮置“0”位（不少于1 s），确认主断图标由黄变绿，再置“合”位，再次闭合主断路器。如发现网压不正常或主断路器仍不能闭合，按网压不正常或主断路器故障应急处置流程处置。天气不良，特殊情况需切除自动过分相时，机车乘务员必须执行“信息汇报－远程指导－事后分析”的原则。

c. 手动过分相操作办法。自动过分相时换向手柄必须与机车运行方向一致，严禁随意转换，“断”电标前牵引手柄必须回“0”位。运行至“断”电标前，主断路器扳钮由“0”位移置“分”位并保持，确认主断路器断开（禁止先“合”后“分”再置“0”位）。通过“合”电标，确认网压正常后，将主断路器扳钮由“分”位移置“0”位（不少于1 s），确认主断图标由黄变绿，再置“合”位闭合主断路器。如发现网压不正常或主断仍不能闭合，按网压不正常或主断路器故障应急处置流程处置。待区间速度达到运行要求且稳定后，选择适当时机回复自动过分相装置。

（4）货物列车通过分相绝缘器前，列车速度过低时，允许司机快速退回牵引手柄，但列车须达到通过分相的安全速度。

①列车在绿灯、绿黄灯区段运行通过电分相时，普速列车速度不低于35 km/h，高速列车速度不得低于50 km/h。遇机车信号接收黄灯、红黄灯，或列车速度受道岔限速、临时慢行限速、机车牵引力发挥、列车追踪运行等情况限制列车速度发挥时，速度不得低于现行通过该分相的最低参考速度。

②通过电分相主断路器闭合后，司机将速度设定值调整至低于实际速度2 km/h的位置

等流，待牵引力自然产生并稳定后，逐渐增大牵引力提高列车速度。

（5）遇到接触网故障或挂有异物，升降弓标志（见图5－1）或临时升、降弓手信号时，及时升起或降下受电弓。

（a）升弓标志　　（b）降弓标志

图5－1　升降弓标志

（6）接触网临时停电，需要迅速断开主断路器，降下受电弓，就地停车。

（7）当发现接触网异常，除采取上述措施外，应立即报告电力调度员和列车调度员。

（8）装有DK－1型制动机的机车，每运行2～3个区间，应使用检查按钮，检查制动管贯通状态，每区间小闸单缓两次，避免由于错误触碰导致机车带闸运行。

（9）列车运行中，发现制动管压力表表针急剧下降、摆动，以及空气压缩机长时间泵风不止，或列尾装置发出制动管压力不正常报警时，应迅速停止向制动管充风，解除机车牵引力，及时采取停车措施；若确认列车折角塞门关闭，应立即按压列尾装置司机控制盒红色按钮，采用列尾装置主机排风制动措施，停车前，适当撒砂（避免列车由于紧急制动造成滑行，导致动轮踏面擦伤）。停车后，司机立即上报列车调度员、车站值班员，查明原因并妥善处理；开车前，司机确认制动管贯通状态后，方可起动列车。

（10）遇有紧急情况时，及时实施紧急制动，迅速将大闸手把推向紧急制动位，并迅速解除机车牵引力。全列车未停稳，严禁擅自移动大小闸手柄，紧急制动后，如机车无自动撒砂装置时，应人为撒砂。

（11）装有动力制动装置的机车运行中调速时，应首先使用动力制动，当动力制动不能控制列车速度时，应与空气制动配合使用，配合使用时，应做到以下几点。

①电力机车给定制动励磁电流时，制动电流的升降要做到平稳。

②制动电流不得超过额定值。

③当动力制动与空气制动配合使用时，应使用小闸单独缓解机车制动力，避免机车动力抱死。

④需要缓解时应该先缓解空气制动，再解除动力制动。

（12）中间站停留时，不准停止劈相机和空气压缩机的工作。

①进站停车时，应注意车站接车人员的移动手信号。

②货物列车应保压停车，直至发车前接到车站准备开车的通知后，方可缓解列车。避免由于列车处于坡道，导致列车尾部溜出警冲标，侵入临线导致列车行车事故的发生。

③夜间等会列车时，应将机车头灯灯光减弱或熄灭。

④中间站停车，有条件时应对机车主要部件进行检查。

⑤机车乘务员必须坚守岗位，不得擅自离开机车。

⑥开车前，应使用列尾装置司机控制盒检查、确认列尾制动管压力。

（13）电力机车在附挂运行中，换向器方向应与列车运行方向相同，主接触器在断开位，严禁进行电器动作实验，严防逆电发生。

（14）机车各安全保护装置和监督、计量器均不得盲目切（拆）除及任意调整其动作参数。内燃、电力机车各保护电器（油压、水温、接地、过流、柴油机超速、超压等保护装置）动作后，在未判明原因前，不得强迫启动柴油机及切除各保护装置。机车保护装置切除后，应密切注视机车各仪表的显示，加强机械间的巡视。

（15）运行中，应随时注意机车各仪表的显示。发现机车故障处所和非正常情况，要迅速判明原因及时处理，并将故障现象及处理情况填记“机车运行日志”。

牵引直供电、双管供风的旅客列车时，运行中应注意确认列车供电电压及电流、列车总风管压力的显示，发现异常情况时应及时通知车辆乘务员，按其要求运行或维持到前方车站停车处理，并报告列车调度员或车站值班员。

旅客列车在区间发生故障需双管改单管供风时，司机应掌握安全速度（最高不超过120 km/h）运行至前方站后进行，跨局旅客列车改为单管供风后，司机报告车站值班员转报列车调度员。因列车总风管压力泄漏不能维持运行，应立即停车，关闭机车后部折角塞门判断是否为车辆原因，属车辆原因应立即通知车辆乘务员处理。

（16）遇天气恶劣，应加强瞭望和鸣笛，信号机显示距离不足200 m时，应立即报告车站值班员或列车调度员。由列车调度员根据实际情况决定是否发布特殊天气行车办法。

四、安全行车注意事项

（1）不得超越机车限界进行作业，电气化区段严禁攀登机车、车辆顶部，途中停车检查时，身体不得侵入临线限界。

（2）电力机车乘务员需要登机车顶部检查弓网状态或处理故障时，应断开主断路器，降下受电弓，必须向车站值班员或列车调度员申请办理登顶作业，接到列车调度员发布接触网已停电允许登顶作业的调度命令并验电、接地后方准作业。

（3）外走廊式的机车运行中不得在走廊上作业。

（4）严禁向机车外部抛撒火种，机械间严禁吸烟。

（5）列车在区间被迫停车后不能继续运行时，司机应立即使用列车无线调度通信设备通知两端站、列车调度员及车辆乘务员，报告停车原因和停车位置，根据需要迅速请求救援并按规定设置防护。机车故障后10 min内不能恢复运行时，司机应迅速请求救援。

（6）遇天气不良、机车牵引力不足等原因，列车在困难区段可能发生坡停或严重运缓时，司机应提前使用列车无线调度通信设备通知两端站或列车调度员。

(7) 单机进入区间担当救援作业，在自动闭塞区间正方向运行时，应使 LKJ 处于正常工作状态，严格按分区通过信号机的显示要求行车；在自动闭塞区间反方向、半自动闭塞区间及自动站间闭塞区间运行时，应使 LKJ 处于调车工作状态。在接近被救援列车 2 km 时，按规定严格控制速度。

(8) 运行途中突发难于抵抗的身体急症，要立即报告列车调度员或车站值班员，不能维持驾驶操纵的要立即采取停车措施，等待救援。

五、平坦线路的列车操纵

(1) 列车在平坦线路上起动过程中，列车冲动要小，待全列车钩处于伸开状态后，加速要快，但要注意道岔限速，可通过 LKJ－2000 型监控记录装置屏幕掌握道岔限度，使列车实际运行速度曲线小于限制速度曲线，当列车尾部通过道岔后，迅速提高列车运行速度（开车前计算全列车长度，从机车头部过岔算起，估算运行计算的列车长度后，即应当适当提高手柄位置，当 LKJ－2000 型监控记录装置确认尾部过岔后迅速加速），使列车尽快达到列车运行图所要求的区间运行速度。

(2) 尽量保证列车匀速运行。当列车达到区间点要求的运行速度后，尽量避免反复调整手柄位置，使列车以均衡牵引力牵引列车匀速运行，避免反复提回手柄引起不必要的列车冲动。

(3) 充分利用惰力，当列车进入停车站前，司机应根据列车运行的线路情况和列车实际运行情况（风向、货物种类、车辆类型等）综合考虑，掌握主手柄回零时机，充分利用惰力。

(4) 平稳对标停车。列车在进入第一个停车站前，应提前试闸，如遇侧线停车，应提前降低列车运行速度，掌握好机外调速时机，并综合线路纵断面、牵引列车量数、货物种类等相关因素，考虑全列车充风时间，避免进入侧线后，由于列车管未充满风，导致的错过制动时机，引发行车事故。

六、起伏坡道上的列车操纵

(1) 尽量减少制动调速。在坡度不大的起伏坡道区段运行时，司机根据坡道变化，适时提回手柄，调节列车运行速度。必须制动调速时，减压量要尽量小，缓解要及时。

(2) 尽量采用“多闯少爬”的方法。要根据坡道大小，列车长短，牵引重量，牵引货物种类，车辆种类，天气等情况，充分利用线路有利纵断面，在不超速的情况下，尽量提高列车运行速度，利用列车动能闯坡，使列车能够顺利通过坡顶。

起伏坡道区段，应注意牵引货物种类为重油罐车的列车。当重油罐车处于下坡道时，由于装有液态油，在重力的作用下会使全列的加速度大于普通货物，使列车速度增加过快。如果列车有可能超速，必须使用自动制动机调速，切忌使用单独制动阀，利用机车制动力调节列车速度。因为全列重罐车会依次向前涌，如果单独使用机车制动，在重油罐车的作用下，列车会产生剧烈冲动，使机车速度瞬间提高，导致超速。

（3）减少列车通过变坡点时引起的冲动，防止断钩。牵引列车通过起伏坡道变坡点时，由于线路纵断面的变化大，将引起列车运行速度的明显变化，使车钩反复伸张或压缩，从而导致列车冲动。通过坡道时，如要调速，尽量使用电阻制动，避免使用空气制动，由于空气制动列车缓解时为逐辆缓解，尤其列车前部处于下坡道，后部处于上坡道时，在缓解时，前部车辆受重力作用，使列车向前，后部车辆由于缓解缓慢，再加上重力作用，使列车后部车辆受力向后，在两相反力作用下，容易使列车激烈冲动，导致车钩断裂，引起列车分离造成行车事故。

七、困难坡道上的列车操纵

在长大上坡道上，应采用“先闯后爬，闯爬结合”的操纵方法。进入坡道前应提早增大机车牵引力，储备动能，进入坡道后应进行预防性撒砂，防止空转，注意牵引电流不得超过持续电流并应遵守以下要求。

（1）在限制坡道前的车站停车时，须对砂路进行重点检查，撒砂不畅通必须立即处理。

对曲线、落叶、杂草或雨雪霜雾等关键区段，要提前做好预防性撒砂。当监控装置提示“空转”时，应在 40 s 内采取撒砂、拉回手柄等措施抑制空转，防止监控装置速度突升排风。

（2）列车运行中遇非正常的空转地段，司机应利用列车无线调度通信设备及时呼叫后续列车注意运行，并采取撒砂等措施，为后续列车防空转打好基础。

（3）和谐型机车在限制坡道上运行时，发现牵引力波动，可采用“线式”撒砂方式进行抑制，保证主手柄的位数与牵引的吨数相符，必要时须最大限度发挥机车牵引力，不得盲目退回手柄。HXD_3型电力机车在限制坡道上运行时，必须保证主手柄在最大牵引级位（13级）。

（4）坡道停车前，首先使用单阀增加机车制动力，为起车做好准备。接近坡停时，司机主动使用自阀停车，防止列车溜逸。再起车时，要适量撒砂，缓解单阀，提主手柄，再缓解自阀，并注意防止空转造成钢轨擦伤、转数过高拉断车钩、起车失败发生列车溜逸。

（5）在限制区段起动发生严重空转时，司机应立即将空转地点报告车站值班员通知后续列车注意运行。

（6）区间运行遇通过信号机黄灯时，司机要及时调整好运行速度，避免遇红灯时停在起车困难地点。在确定前方分区起车困难的情况下，允许列车在显示黄灯的通过信号机前适当地点停车，以利于起车，防止坡停。

（7）遇天气不良、机车牵引力不足等原因，货物列车进入困难区段可能发生列车坡停或严重运缓时，司机应提前通知两端站值班员、列车调度员。列车在区间发生运缓（货物列车超图定 10 min、旅客列车超图定 5 min），司机应立即通知两端站值班员、列车调度员。

八、坡道停车后的起车

列车在坡道停车后，要求司机有较好的操纵协调能力，在坡度越大的上坡道停车，起动的困难越大，如果发现缓解加载后，列车向后溜逸，要求司机立即就地停车，请求救援，请求救援后，严禁擅自移动列车。

（1）坡道停车时，应为起车创造条件，停车时，使用自阀停车，可先使用单独制动阀增加机车制动力，使全列车车钩处于压缩状态停车，停车后，适当撒砂，但撒砂量切记不要过多，撒砂量过多会造成砂在钢轨上成堆，反而减小机车黏着力。

（2）起车时，在列车起动阻力分散的情况下，要使列车一辆一辆起动，同时，禁止主手柄位置过高，导致打破黏着力而引发的空转。

（3）如果起动失败，应立即处理，使用自阀停车，必要时可使用向后压钩方式，压钩应在自阀手柄移至运转位后，立即使机车向后移动，压钩距离根据牵引列车长度适当向后压缩车钩，压钩后，单阀制动后方可改变换向手柄位置，避免引起逆电。不得已时，可报告列车调度员，列车调度员同意后，分部运行。分部运行办法遵从《铁路技术管理规程》的相关规定。

九、旅客列车操纵

（1）起车时，全列起动后再加速。进站停车时，应采取保压停车，按机车停车位置标一次稳、准停妥。

（2）列车运行中施行常用制动时，应遵守以下规定。

①机车呈牵引状态，柴油机转速控制在550 r/min左右或牵引电流控制在1 000 A左右；电力机车的牵引电流控制在200 A以下。停车制动，自阀减压时，列车产生制动作用并稳定降速（原则上时间应控制在5 s以上）后，再解除机车牵引力。

②自阀减压时，单缓机车，使机车呈缓解状态。

（3）列车运行中应根据线路纵断面及限速要求，尽可能不中断机车牵引力。在起伏坡道区段或较小的下坡道运行时，应采用低手柄位或低转速的牵引，尽量避免惰力运行。

（4）使用HXD_{3C}型机车担当旅客列车牵引时，须将供电钥匙打到闭合位，以减少机车冲动频次。

（5）担当军用列车时按旅客列车操纵的有关要求执行。

（6）确保旅客列车乘降安全。

①遇旅客列车变更到发线或调整站台时，进站停车时要适当控制速度，以保证站台出现突发情况时能够随时停车。

②列车在车站有旅客乘降的站台另一侧邻靠站台线路通过，车站提前预告司机有旅客乘降时，须加强瞭望与鸣笛，危及人身安全时，要立即采取停车措施。

列车在车站到开、通过时，遇邻线停有旅客列车，在停车的旅客列车首、尾处要加强鸣笛。

③旅客列车在起动、准备停车等低速运行阶段，遇非正常情况时，要根据速度、距离综合判断，实施制动措施，防止低速情况下的冲动造成旅客伤害。

④旅客列车进站（包括区间乘降所）停车时，严格执行定点、定速、定减压量的“三

定”操纵办法，防止停车位置不准造成旅客奔跑拥挤、乘降困难。

特殊车站靠标困难需两段制动时，要掌握好速度和缓解时机，防止低速排风、低速缓解造成停车。

⑤机车乘务员必须对列车长度、停车站股道有效长度、站台长度、停车位置做到心中有数。

在办理客运业务的车站，因机车故障、操纵不当或其他原因造成列车未全列停靠站台停车，机车乘务员要立即向车站值班员报告停车原因及机车状态，未得到车站值班员允许不得起动列车，防止联系不彻底再次动车造成旅客伤害。起动前须对站台侧进行后部瞭望并按规定鸣笛。

⑥既有线调度集中区段，规定在车站停车的旅客列车，司机必须按列车运行图规定的停站操纵列车，遇出站信号机提前开放时，不得通过（列车调度员指示时除外）。

旅客列车在技术停车站（不办理客运业务和技术作业）临时变更通过时，列车调度员口头指示车站值班员，车站值班员预告司机。调度集中区段列车调度员负责接发列车时，由列车调度员向司机预告。

十、不良天气时的列车操纵

天气不良时，由于信号机显示距离缩短，同时，由于天气不良，列车运行条件恶化，导致列车操纵困难程度增加，因此要针对不同情况做好克服困难的各项准备工作，以确保列车安全正点运行。

（1）遇雨、雪、霜、雾等不良天气及其他因素造成轨面湿滑时，按以下要求操纵列车。

①当地面信号显示停车信号时，严禁使用电阻制动。

②对进站停车的货物列车，应降低进站速度，调速后不具备缓解条件时，应一停再开。

③运行中接近地面信号机处，司机须确认监控距离准确，存在误差时必须及时进行校正。

（2）汛期行车应急处理。

列车通过防洪危险地段时要加强瞭望，随时准备采取减速、停车措施。洪水漫到路肩时，应按有关规定限速运行；遇线路塌方、道床冲空、落石、倒树等障碍物危及行车安全时，须立即停车，并立刻通知追踪列车、邻线列车及邻近车站，排除障碍并确认安全后，方可继续运行。

遇暴风雨天气，列车运行在易倒树区段时，要根据线路条件、瞭望距离等适当降速运行；遇大暴雨看不清线路时，必须采取停车避雨措施。遇降速运行或采取停车避雨措施时应严格执行报告制度。

汛期行车要做到：一清楚，二认真，六停车，一减速，两报告。

机车乘务员对防洪地段应做到重点水害位置清楚。列车运行中要认真瞭望，遇情况不明、瞭望困难、异常晃车时要适当减速或停车检查，发现险情及时采取措施，并报告两端站车站值班员或列车调度员，按其指示办理。情况不明时，宁可错停，绝不盲行。大风、大雨天气，运行在易倒树区段要降速运行。

①“一清楚”：重点水害地段的位置要清楚。

②“二认真”：认真执行调度命令，严守规定的运行速度；认真瞭望，按工务巡检人员显示的信号执行。

③“六停车”：水漫钢轨、桥梁时；洪水严重冲刷路基、道床时；线路有障碍物或异常时；发现显示拦停信号或无线列调呼唤停车时；发现异常晃车时；大暴雨看不清线路时。

④“一减速”：在暴风雨天气，瞭望困难时。

⑤“两报告”：发现线路水害时，立即向车站报告；发现邻线水害，立即通告邻线列车及两端车站。

(3) 机车乘务员接到“慢行警戒”通知后必须加强瞭望，按慢行速度标准或工务人员通知确定的速度运行，及时将异常情况报告车站值班员。

机车乘务员接到“封锁警戒”通知后，按调度命令，以随时停车速度运行至前方站或退回后方站，情况不明时，应选择安全地段停车避险。

十一、寒冷季节的列车操纵

在寒冷季节里，要加强列车防寒工作，操纵机车时应注意以下几点。

(1) 挂车、起动、调速时，由于冬季车钩较脆，所以要注意列车冲动，避免由于列车冲动过大导致断钩。

(2) 冬季钢轨容易产生结霜，起车、加速过程中应提前适当撒砂，制动停车时，应尽量避免使用紧急制动，防止由于制动力过大导致的列车滑行，引起动轮擦伤。

(3) 运行中，要提前试闸，防止制动系统冻结，造成事故。

(4) 缓解时，尽量使机车保持适当的制动力，防止由于后部车辆未缓解引起的机车冲动过大导致断钩。

(5) 使用制动机时，尽量采取电阻制动配合空气制动的方式。

(6) 遇雾、雪等天气，受电弓或接触网被冰雪包裹，在站内停留时，如发现弓网产生打火放电现象时，站内起动列车应控制牵引电流不得过大，避免受电弓与接触网间产生拉弧导致烧网。

十二、空重混编列车的操纵

操纵空重混编列车时，要特别注意由于空重车辆制动力不同，惰力不同，从而对列车操纵带来的影响，防止车钩断裂。

（一）空车在前、重车在后

根据具体情况，起车时可少量压钩，主手柄位置逐渐提高，使车辆车钩缓慢伸张，在起伏坡道上，除需要停车外，应尽量不中断机车牵引力，灵活掌握手柄位置，在变坡点慎重使用空气制动，因为空重车制动力不同，若使列车冲动过大，容易引起由于车钩断裂导致的列车分离。

（二）重车在前，空车在后

起动时，按照正常的起动方法操纵即可，因为重车起动后，空车的起动阻力小，制动与缓解时，可适当利用单阀增加机车制动力，避免列车冲动，当缓解后，应确保列车全部缓解后，方可提手柄，防止由于列车未全部缓解导致断钩。

十三、多机牵引

多机牵引时应遵守下列规定。

（1）机车重联后，相邻机车之间连接状态的检查，由相邻机车乘务员实行双确认，共同负责。

（2）机车操纵应由行进方向的前部机车负责。重联机车必须服从前部机车的指挥，并执行有关鸣笛及应答回示的规定。

（3）设有重联装置的机车，该装置必须作用良好，重联运行时应接通重联线。其他各有关装置及制动机手柄的位置按重联机车制动机手柄位置处理表（见表5-1）执行。

表5-1 重联机车制动机手柄位置处理表

位置 / 机型	操纵端				非操纵端			
	自阀	单阀	客货车转换阀	重联塞门	自阀	单阀	客货车转换阀	重联塞门
ET-6 ET-14	运转	运转		关闭		运转		关闭
JZ-7	取出	运转	货车		取出	运转	货车	
DK-1	重联	运转	货车		重联	运转	货车	
26-L	取出	运转	切断		取出	运转	切断	
CCBⅡ	重联并锁闭	运转			重联并锁闭	运转		
法维莱	运转位（保压位）	缓解位	分配阀M/V（货/客）转换杆转至V（客车）位	司机制动阀隔离开关Z（IS）RM转换到补机位，	运转位（保压位）	中立位	分配阀M/V（货/客）转换杆转至V（客车）位	司机制动阀隔离开关Z（IS）RM转到正常位

注：CCBⅡ型制动机重联时应在制动显示屏或机车显示屏的空气制动菜单中将制动机设置为补机位。

（4）电力机车重联运行中，前部机车应按规定鸣示降、升弓信号，后部机车必须按前部机车的指示，立即降下或升起受电弓。

（5）中部、尾部挂有补机的列车，其具体操纵及联系办法由各铁路局规定。

十四、制动机的操纵

（1）使用制动机时，要尽量减少不必要的制动，制动时要尽量减少制动次数并保证降速平稳，非必要时绝不使用紧急制动。

（2）施行常用制动时，应考虑列车速度、线路坡道、牵引辆数和吨数、车辆种类，以及闸瓦压力等条件，准确掌握制动时机、制动距离和减压量，保持列车均匀减速，停车时应做到一次停妥，防止列车冲动，并遵守以下规定。

①初次减压量，不得少于50 kPa。长大下坡道应适当增加初次减压量，在规定的试闸点试验列车制动力的强弱。

②追加减压一般不应超过两次。一次追加减压量不得超过初次减压量。

③累计减压量不应超过最大有效减压量。

④单阀缓解量每次不得超过 30 kPa（CCBⅡ型制动机除外）。

⑤减压时，自阀排风未止不应追加、停车或缓解列车制动，不准回移自阀手柄，防止车列缓解。

⑥货物列车速度在 15 km/h 以下时，不应缓解列车制动。长大下坡道区段因受制动周期等因素限制，最低缓解速度不应低于 10 km/h。重载货物列车速度在 30 km/h 以下，不应缓解列车制动。特殊情况下，可采取走—停—走的方式。牵引百辆、万吨列车时，按相关规定执行。

⑦少量减压停车后，应追加减压至 100 kPa 及以上，单阀置于全制位。

⑧站停超过 20 min 时，开车前应进行列车制动机简略试验。

⑨牵引列车时，不得使用单阀制动调速及停车（特殊车站除外）。

（3）施行紧急制动时，应迅速将自阀手柄推向紧急制动位，并立即解除机车牵引力，电力机车不得断主断路器、降弓，动力制动应处在备用状态。列车未停稳，严禁移动自阀、单阀手柄（投入动力制动时，单阀除外）。无自动撒砂装置或自动撒砂装置失效时，停车前应适当撒砂。

（4）装有动力制动装置的机车在列车调速时，要采用动力制动为主、空气制动为辅、相互配合使用的方法，并应做到以下几点。

①电力机车使用动力制动时，制动力的增、减要做到平稳。

②动力制动与空气制动配合使用时，应将机车制动缸压力及时缓解为 0（设有自动控制装置的机车除外）。

③需要缓解时，应先缓解空气制动，再解除动力制动。

④多机牵引使用动力制动时，前部机车使用后，再通知后部机车依次使用；需要解除动力制动时，根据前部机车的通知，后部机车先解除，前部机车后解除。

（5）对紧急制动可以同步投入动力制动的机车，采取如下措施。

①非正常情况下，当列车失去空气制动力或制动力减弱时，司机在使用紧急制动后应使用动力制动，使其达到最大值。在确认动力制动发挥作用后，使用单阀缓解制动缸压力至 150 kPa 以下（设有自动控制装置的机车可不进行单阀缓解操作）。装有列尾装置的列车，司机应采取列尾装置主机排风制动措施使列车停车，停车前适当撒砂；有车辆乘务人员值乘的列车，司机迅速通知车辆乘务人员，使用车辆紧急制动阀停车。

②使用动力制动调速过程中发生紧急制动或需紧急制动时，司机应保持机车动力制动，同时立即用单阀缓解机车制动缸压力至 150 kPa 以下（设有自动控制装置的机车可不进行单阀缓解操作）。

（6）遇降雪天气（含雪后影响），使用空气制动时要保持一定的机车制动力，停车后重点对机车闸瓦状态进行检查，摘解机车时要进行单阀静、动态试验。单机运行中，要不间断使用单阀制动清除闸瓦积雪。

（7）学习司机使用紧急制动阀的时机如下。

①列车运行时，距显示停车的信号不足 400 m，列车速度在 30 km/h 以上时，学习司机在呼喊司机停车后，司机仍无反应时要立即使用紧急制动阀停车。

②运行中，发现列车制动力减弱或制动失灵，在司机未采取任何停车措施时，学习司机要立即使用紧急制动阀，同时按压列尾装置司机控制盒排风键，使列车停车。

实训设备

HXD$_3$型电力机车仿真操纵台、内燃机车仿真操纵台、手电筒、信号旗、司机手册、运行揭示、施工明示图等。

实训操作安全注意事项

1. 运行模拟仿真软件时，要耐心等待，爱护实训设备，禁止野蛮操作。
2. 遇到特殊情况及时与实训指导教师沟通。

实训步骤

第一步 贯通试验

列车到达规定地点处，进行贯通试验。保证列车折角塞门位置正确。

第二步 列车操纵运行

(1) 不同线路，按照限速及前方线路纵断面限制，合理控制列车运行的速度。

(2) 列车经过牵引供电分相区段，司机采取正确措施过分相。

(3) 正确进行车机联控。

(4) 途中遇非正常行车情况，能够依据作业标准完成相应的操作。

(5) 正确使用制动机调速，危及行车安全时，果断采取相应措施停车。

(6) 在停车站，操纵列车在规定地点停车。

(7) 执行呼唤应答制度。

学习笔记

考核标准

任务单

任务编号	5 - 1	任务名称	途中运行作业
序号	检查内容	是	否
途中运行操纵			
1	识别操纵示意图		
2	正确呼喊应答		
3	根据信号显示要求控制列车速度		
4	进行贯通试验		
5	按标准完成手动过分相		
6	正确使用空气制动		
7	正确使用电阻制动或动力制动		
8	根据不同坡道，完成平稳操纵，不超速、不运缓		
9	发生特殊情况，反应灵敏		
10	按步骤执行操作		
11	处理方式正确		
12	在规定位置停车		

考核评价表

<table>
<tr><td>任务编号</td><td>5-1</td><td colspan="3">任务名称</td><td colspan="4">途中运行作业</td></tr>
<tr><td>班级</td><td></td><td>任务小组</td><td></td><td>任务执行人</td><td></td><td>学号</td><td colspan="2"></td></tr>
<tr><td>序号</td><td colspan="4">评价内容</td><td>标准分值</td><td>自我评分</td><td>组内评分</td></tr>
<tr><td>1</td><td colspan="4">是否积极参与实训任务讨论，是否正确领会任务要求</td><td>5</td><td></td><td></td></tr>
<tr><td>2</td><td colspan="4">是否积极参与实训预备知识的学习和讨论，是否完全掌握学习内容</td><td>5</td><td></td><td></td></tr>
<tr><td>3</td><td colspan="4">是否积极参与实训计划制订，是否提出建设性意见</td><td>5</td><td></td><td></td></tr>
<tr><td>4</td><td colspan="4">是否制订了可行的实训任务方案</td><td>5</td><td></td><td></td></tr>
<tr><td>5</td><td colspan="4">是否认真履行个人角色，是否积极参与实训任务演练</td><td>5</td><td></td><td></td></tr>
<tr><td>6</td><td colspan="4">是否有效使用实训任务单保证任务顺利进行</td><td>5</td><td></td><td></td></tr>
<tr><td rowspan="2">序号</td><td colspan="4" rowspan="2">评价内容
（任务展示、评价阶段）</td><td>标准分值</td><td>组间评分</td><td>教师评分</td></tr>
<tr><td>70</td><td></td><td></td></tr>
<tr><td>1</td><td>途中操纵过程</td><td colspan="3">操纵列车运行一个区段，信号确认失误扣1分，制动机、电阻制动使用不正确扣5分，过分相错误本项不得分，停车位置不准，超过150 m范围，每增加50 m扣5分，其他情况视情节扣分</td><td>30</td><td></td><td></td></tr>
<tr><td>2</td><td>特殊情况处理</td><td colspan="3">共2个特殊情况。每个情况20分，没有发现情况得0分，发现情况处理不正确得5分，有人身危险或伤害不得分</td><td>40</td><td></td><td></td></tr>
<tr><td>3</td><td>作业时间</td><td colspan="3">标准时间25 min。标准时间以内不扣分；每超过标准时间1 min扣1分；超标准时间5 min以上，每超1 min扣2分；超标准时间10 min以上，判为任务操作失败</td><td>无基础分值</td><td></td><td></td></tr>
<tr><td>4</td><td>作业安全</td><td colspan="3">出现危险操作，判为任务操作失败</td><td>无基础分值</td><td></td><td></td></tr>
<tr><td colspan="5">总评分值</td><td colspan="3"></td></tr>
</table>

实训任务六

终到、入库及退勤作业

实训任务简介

列车终到站停车后，进行摘解机车作业，司机操纵机车摘解作业、入段，整备作业完成后，机班交车，到机车调度室退勤。

列车终到作业，摘解机车是安全风险点，易造成事故险情。要求机班密切配合，标准化作业，机班退勤作业，要求携带全部资料到退勤调度员处退勤。

实训目的

- 能完成摘解机车作业。
- 能完成入段作业。
- 能完成机车乘务员整备作业。
- 能完成机车退勤作业。

实训任务

1. 完成列车终到站作业。
2. 口述摘挂机车任务的划分。
3. 模拟车钩、软管的摘解作业。
4. 模拟机车入段作业。
5. 完成退勤作业。

实训预备知识

一、终到、摘解机车作业

（1）在停车位置标或指定地点停车，司机实施最大有效减压，确认制动主管排风时间正常，进行最大有效减压联控，摘解机车前不得缓解列车制动。

司机：××（次列车）已达到最大减压量××千帕，可以摘管。

摘解人员（具备同频率无线调度通信设备时）：××（次列车）已达到最大减压量××千帕，可以摘管。

（2）对于直供电列车，作业步骤如下。

①保持供电，接到车辆乘务员通知后司机方可卸载，断开主断路器、降下受电弓（DF_{11G}型机车停止供电柴油机工作），拔出供电钥匙，在机车“列车供（断）电交接记录簿”签认时间、姓名。

②在机车与客车连接处将供电钥匙交客列检，客列检在机车“列车供（断）电交接记录簿”上签认时间、姓名。

③作业完毕后，客列检在机车与客车连接处将供电钥匙交回，并在机车“列车供（断）电交接记录簿”上签认时间、姓名。

（3）终到后利用机车进行列车制动机试验时，在摘解机车后司机按检车员指示前行至指定位置，进行列车制动机试验。

旅客列车终到需进行制动机试验时，在旅客乘降完毕后方可按照车辆人员要求进行制动机试验；如无法确认旅客乘降是否完毕，必须在列车停稳 5 min 以后进行制动机试验。

（4）列车终到或在途中站调车作业，调车信号未开放时不得将监控装置由监控状态转为调车状态，确认调车信号开放后，方可将监控装置转为调车状态。

调车信号未开放时，因 LKJ 距离限制（监控装置限制速度下降至 8 km/h 时，仍未离开固定脱轨器），列检不能按作业要求进行作业时，允许监控装置转为调车状态，但速度不得超过 3 km/h，距显示停车信号的信号机 10 m 前必须停车。确认机车停稳后，再退出调车状态。

（5）机车乘务员负责摘解时的操作步骤如下。

第一步　编组、区段站需在摘开机车前进行防溜作业的列车，列车进站前车站值班员须使用列车无线调度通信设备通知司机。

车站值班员：××（次）司机，列车（车底）进站后，车站采取防溜措施后方可摘开机车。

司机：××（次）司机明白。

第二步　学习司机离开司机室前与司机共同确认达到最大有效减压量、制动主管排风停止。

司机：已达到最大减压量，可以摘管。

学习司机：可以摘管，学习司机明白。

第三步　学习司机下车，确认机车距前方信号机距离、停留车辆中 2 辆处于制动状态、车体两侧防护信号撤除。

第四步　先关机车第一位车辆前部折角塞门，后关机车折角塞门，摘开机车与车辆连接的软管、总风软管，对车辆制动主管进行适量放风。

第五步　在中间站及编组、区段站已通知司机摘开机车前需进行防溜作业的列车，确认相关作业人员已按规定采取防溜措施。

第六步　提开车钩，面向司机显示“机车向显示人反方向去”的信号。

第七步　司机确认机车距前方信号机距离，单缓机车制动，前移 2 m 以上停车（在设有固定脱轨器的线路上摘解，条件允许时，司机应直接将机车移至固定脱轨器外方后再停车），学习司机将机车软管、总风软管吊挂。需压缩车钩时司机也应单缓动车。

第八步　学习司机回到机车后，司机将自阀手把移回运转位。

（6）由其他人员负责摘解时的操作步骤如下。

第一步　列车停稳后，摘解人员与司机面对面确认制动主管达到最大减压量。

摘解人员：××（次）确认已达到最大减压量。

司机：××（次）已达到最大减压量，可以摘管。

摘解人员：××（次）可以摘管，××明白。

第二步　司机确认车体两侧防护信号撤除、摘解人员显示的“机车向显示人反方向去”或“摘解”信号后，单缓机车制动，前移 2 m 以上停车。

第三步　单班单司机值乘时，摘解人员负责吊挂机车制动、总风软管。

（7）到达列车机车摘开后，应前移 20 m 以上距离。机车摘开仍在原线路停留，司机得到列检设置移动脱轨器距机车不足 10 m 的通知时，须注意不得向后移动。动车前，司机必须确认换向手柄位置，防止碰压脱轨器。

机车不能及时入段时，检查走行部（装有轴温监测装置且运行部状态良好时可不检测轴温），调车信号开放后应及时按信号要求作业。

（8）货物列车在得到列尾销号的通知，列车管压力低于 460 kPa 时，司机解除列尾“一对一”关系。电力机车牵引的货物列车设有检充点的车站终到或更换机车时，应按压列尾司机控制盒上的【销号】键；旅客列车终到后或途中换挂机车时，机车摘解前，司机应解除 LBJ 与 KLW 的对应关系。

（9）同一线路上，一端列车出发未出清股道时，线路内停留的机车不得跟随该列车同方向移动；在列车出清股道、机车信号显示红黄灯后方可移动至调车信号机前，按其显示运行。

（10）车站通知同一线路内有机车或车列停留时，司机要注意瞭望、控制速度。站内、段内同一线路上，两台及以上的机车转线时（重联时除外），前行机车越过调车信号后，该调车信号未关闭、再开放前，后续机车不得越过。

（11）货物列车在停车处与车站地面接收票据人员进行交接、签字；旅客列车由机车乘务员携带客运列车编组顺序表、客运列车挂车通知单时，与车站进行交接。

如车站无人接取货运票据时，机车乘务员使用列车无线调度通信设备通知车站。

二、退勤作业

（1）转储监控数据，确认车次齐全。

（2）填记司机报单，对本次列车早晚点情况进行分析、记录。检查司机报单、司机手册填记情况，开好退勤小组会，总结一次乘务作业情况。

（3）对运行中发生的非正常情况，按规定填写“机调十”，反映真实情况、协助分析。

（4）机班全员到退勤调度员处退勤，交回列车时刻表、司机报单（整备车间加盖“准许退勤/××整备”章)、机车乘务员乘前休息证明书、司机手册、运行揭示（施工明示图)、手持电台及调车作业通知单、书面调度命令、非正常行车凭证及通知书等。机车乘务组人员不齐时，不得退勤。

（5）司机：××次（调）机班退勤。机班按压指纹退勤，进行酒精测试，监控文件上网，退勤调度员打印退勤检索分析单。

（6）司机汇报本次列车运行情况及有关信息，并在相关簿册进行登记，退勤调度员准许后退勤。

（7）机车在自、外段或异地车间入段时，机班全员须至调度室退勤登记。在外段车站换班的可采取电话退勤的方式。

学习笔记

实训设备

HXD_3型电力机车仿真操纵台、机车调度室、IC卡、司机手册、手电筒、信号旗、运行揭示、施工明示图等。

实训操作安全注意事项

1. 运行模拟仿真软件时，要耐心等待，爱护实训设备，禁止野蛮操作。
2. 遇到特殊情况及时与实训指导教师沟通。

实训步骤

第一步　摘解机车作业

列车到达规定地点停车，司机按照标准完成摘解机车作业，解除列尾一对一的关系。

第二步　交接货票

列车到达终到站后，司机与车站地面人员办理货票交接。

第三步　机车入段

司机进行车机联控，要求机车入段。凭证交付后，司机操纵机车入段，办理交接车手续。

第四步　退勤作业

机班开好小组退勤会，携带全部资料到退勤调度员处办理退勤作业。

学习笔记

考核标准

任务单

任务编号	6－1	任务名称	终到、入库及退勤作业
序号	检查内容	是	否
	列车终到站作业		
1	列车制动停妥		
2	按列检员要求决定是否需要试验列车制动机		
3	直供电列车等车辆乘务员通知后停止供电，与其办理钥匙交接		
4	摘解软管、摘解车钩		
5	LKJ 转入调车状态，按调车信号显示运行		
6	机车不能及时入段，移动至信号机前或警冲标内		
	列车入库、退勤作业		
7	到站段分界点前停车		
8	签认入段时分		
9	按信号机或扳道员的显示入段，例行呼唤（应答），鸣笛入段，控速运行		
10	电力机车整备线防护信号前停车，确认信号开放后前行		
11	整备线停车制动		
12	转储监控数据，确认车次齐全		
13	填记司机报单，对本次列车早晚点情况进行分析、记录		
14	检查司机报单、司机手册填记情况，开好退勤小组会，总结一次乘务作业情况		
15	全员到退勤调度员处退勤		

考核评价表

<table>
<tr><td>任务编号</td><td>6－1</td><td colspan="2">任务名称</td><td colspan="3">终到、入库及退勤作业</td></tr>
<tr><td>班级</td><td></td><td>任务小组</td><td></td><td>任务执行人</td><td></td><td>学号</td></tr>
<tr><td>序号</td><td colspan="2">评价内容</td><td>标准分值</td><td>自我评分</td><td colspan="2">组内评分</td></tr>
<tr><td>1</td><td colspan="2">是否积极参与实训任务讨论，是否正确领会任务要求</td><td>5</td><td></td><td colspan="2"></td></tr>
<tr><td>2</td><td colspan="2">是否积极参与实训预备知识的学习和讨论，是否完全掌握学习内容</td><td>5</td><td></td><td colspan="2"></td></tr>
<tr><td>3</td><td colspan="2">是否积极参与实训计划制订，是否提出建设性意见</td><td>5</td><td></td><td colspan="2"></td></tr>
<tr><td>4</td><td colspan="2">是否制订了可行的实训任务方案</td><td>5</td><td></td><td colspan="2"></td></tr>
<tr><td>5</td><td colspan="2">是否认真履行个人角色，是否积极参与任务演练</td><td>5</td><td></td><td colspan="2"></td></tr>
<tr><td>6</td><td colspan="2">是否有效使用实训任务单保证任务顺利进行</td><td>5</td><td></td><td colspan="2"></td></tr>
<tr><td rowspan="2">序号</td><td colspan="2" rowspan="2">评价内容
（任务展示、评价阶段）</td><td>标准分值</td><td>组间评分</td><td colspan="2">教师评分</td></tr>
<tr><td>70</td><td></td><td colspan="2"></td></tr>
<tr><td>1</td><td>终到、入库及退勤作业</td><td>共15条程序（参看任务单）。其中第8、10、11、12、15条，每条2分，其余每条6分。操作错误、顺序颠倒、呼喊漏项为程序错误，视情节扣分</td><td>70</td><td></td><td colspan="2"></td></tr>
<tr><td>2</td><td>作业时间</td><td>标准时间15 min。标准时间以内不扣分；每超过标准时间1 min扣1分；超标准时间5 min以上，每超1 min扣2分；超标准时间10 min以上，判为任务操作失败</td><td>无基础分值</td><td></td><td colspan="2"></td></tr>
<tr><td>3</td><td>作业安全</td><td>出现危险操作，判为任务操作失败</td><td>无基础分值</td><td></td><td colspan="2"></td></tr>
<tr><td colspan="3">总评分值</td><td colspan="4"></td></tr>
</table>

实训任务七

一次乘务作业

实训任务简介

进行机车乘务员一次乘务作业模拟演练。

实训目的

◈ 完成机车乘务员一次乘务作业模拟演练。

实训任务

1. 按规定着装，携带工具资料。
2. 口述机车乘务员待乘保休及休息时间、工作时间规定。
3. 完成出勤作业并口述作业标准。
4. 完成接车及库内作业并口述作业标准。
5. 完成出段及挂车作业并口述作业标准。
6. 完成途中运行作业并口述作业标准。
7. 完成终到、摘解作业并口述作业标准。
8. 完成入库、退勤作业并口述作业标准。
9. 对发现的故障及时记录并反馈。

实训预备知识

一、机车乘务员一次乘务作业的作业环节及作业标准

机车乘务员（列车）一次乘务作业标准见表 7－1。

表 7－1 机车乘务员（列车）一次乘务作业标准

项别	作业程序	作业标准
1. 待乘	1. 待乘保休	按时入寓，充分休息，不得饮酒，手机关闭并上交
2. 出勤	2. 准备出勤	规定着装，进行指纹核对和酒精测试，出示证件，领取司机报单及手册、运行揭示（施工行车明示图）、列车时刻表，写入 IC 卡揭示
	3. 阅对揭示	全员阅对，逐条勾画，IC 卡验卡，遇重要施工应进行模拟开车
	4. 出勤指导	阅读通报，接受出勤指导，记录 LKJ 最新版本号
	5. 开小组会	确定本次乘务安全风险控制项点及措施
	6. 全员出勤	到出勤调度员处核对揭示，听取要求，了解接车地点，签点出勤
3. 接车	7. 段内接车	了解机车状态及检修情况，办理燃料（耗电）、工具、备品交接；确认防护用品齐全、良好，车载设备检测合格。输入 IC 卡揭示及相关数据并核对
	8. 检查试验	检查机车，进行机车机能及制动机试验
	9. 段内动车	防溜措施撤除、全员上车、确认信号开放、道岔开通位置，联控进路，副（学习）司机站立瞭望，鸣笛动车，严守走行速度
	10. 正点出段	交验合格证，报单签点，掌握经路及挂车股道，确认信号、联控动车
	11. 车站接车	机班同行，固定路线，对口交接，输入数据，检查、了解机车状态
4. 挂车	12. 连挂车列	确认挂车股道，距脱轨器、防护信号、车列 10 m 前停车；确认连结信号，平稳连挂，适量撒砂，挂后试拉、换端；连挂后机车制动，确认车钩、软管、折角塞门状态
	13. 交接票据	交接签字，妥善保管
	14. 输入数据	司机输入、副（学习）司机核对，计算列车长度，记入司机手册
	15. 制动试验	确认泄漏及贯通，记录充排风时间
5. 运行	16. 列尾使用	正确使用列尾装置，核对机车号，确认风压数值正确，风压数值与机车主管风压同升、同降
	17. 正点开车	联控进路，全员确认凭证及发车信号，鸣笛起车，后部瞭望
	18. 确认贯通	未装列尾装置的货物列车在规定地点进行贯通试验，旅客列车保压开车、核对风压
	19. 呼唤应答	彻底瞭望、确认信号、准确呼唤、手比眼看
	20. 按信号运行	黄灯减速、红灯停车、停车必喊、有车不进
	21. 严守速度	遵守每百吨列车重量换算闸瓦压力的限制速度，列车限制速度，线路、桥隧、信号容许速度，机车车辆最高运行速度，道岔、曲线及各种临时限制速度，LKJ 速度控制模式设定的限制速度，防止超速
	22. 车机联控	及时联控、用语准确，严禁使用列车无线调度电话闲谈

续表

项别	作业程序	作业标准
5. 运行	23. 制动机使用	列车调速、进站停车，准确掌握制动时机和减压量，保持列车平稳制动、均匀减速
	24. 鸣笛	按规定鸣笛，发现危及行车、人身安全等情况时，立即采取停车措施并鸣笛
	25. 过分相区	正确操作，按标“断”、“合”，确认网压及控制电压，异常情况立即报告
	26. 机械间巡检	按时巡检，确认轴温
	27. 途中换乘	巡检机械间，交接有关事项，共同值乘一个站间
	28. 中途停车	正确输入侧线股道，确认 LKJ 距离准确，不准停止柴油机、劈相机及空气压缩机的工作并保持全列制动状态；坚守岗位，不得擅离机车，对机车走行部进行重点检查；车下作业时，穿着防护服，不得侵入邻线
	29. 调车作业	作业中时刻注意确认信号，不间断地进行瞭望，认真执行呼唤应答制度及联控制度，正确、及时地执行信号显示的要求，没有信号不准动车，信号不清立即停车
6. 退勤	30. 终到停车	交接票据，进行制动机试验
	31. 机车入段	确认调车信号、道岔开通位置，报单签点，了解段内走行路线，注意停留车位置
	32. 整备交班	不良处所提票修理，进行保洁、整备，做好防火、防溜工作
	33. 退勤	转储监控数据，填记司机报单，开好退勤小组会，总结一次乘务作业情况，全员进行酒精测试，退勤

学习笔记

二、机车乘务员确认呼唤（应答）标准

（一）确认呼唤（应答）基本要求

（1）一次乘务作业全过程必须认真执行确认呼唤（应答）制度。

（2）确认呼唤（应答）必须执行“彻底瞭望、确认信号、手比眼看、准确呼唤”，并掌握“清晰短促、提示确认、全呼全比、手势正确”的作业要领。

（3）列车运行中必须对所有地面主体信号显示全部进行确认呼唤（应答），自动闭塞区段分区通过信号显示绿灯，值乘速度120 km/h及以上客运列车时，只手比不呼唤（带有三斜杠标志预告功能的分区通过信号机除外）。

（4）遇有显示须经侧向经路运行的信号时，在呼唤信号显示的同时，必须呼唤侧向限速值。

（二）信号确认呼唤时机和手比姿势

1. 信号确认呼唤时机

应遵循“信号好了不早呼、信号未好提前呼”的原则，瞭望条件良好时，进站（进路）信号不少于800 m；出站、通过、接近、预告信号不少于600 m；信号表示器不少于100 m。

2. 手比规范

（1）信号显示要求通过（显示绿灯、绿黄灯）时：右手伸出食指和中指并拢，拳心向左，指向确认对象。

（2）信号显示要求正向经路准备停车（显示黄灯）时：右手拢拳伸拇指直立，拳心向左。

（3）信号显示要求侧向经路运行（显示双黄灯、黄闪黄）时：右手拢拳伸拇指和小指，拳心向左。

（4）信号显示要求停车（显示红灯，包括固定和临时）时：右臂拢拳，举拳与眉齐，拳心向左，小臂上下摇动3次。

（5）注意警惕运行时：右臂拢拳，大小臂成90°，举拳与眉齐，拳心向左。

（6）确认仪表显示时：右手伸出食指和中指并拢，拳心向左，指向相关确认设备。

（7）确认非集中操纵道岔、各类手信号、防护信号（脱轨器）时：右手伸出食指和中指并拢，拳心向左，指向确认的非集中操纵道岔、各类手信号、防护信号（脱轨器）。

（8）列车运行中，LKJ提示前方列车运行限制速度有变化时，司机必须在变速点前，对变化的速度值及时进行确认呼唤；确认呼唤时，右手伸出食指和中指并拢，拳心向左，指向LKJ显示部位。

（9）手比以注意警惕姿势开始和收回，手比动作稍做停顿。

（三）机车乘务员确认呼唤（应答）标准用语

1. 机车乘务员单岗值乘确认呼唤标准用语

1）出段至发车

机车乘务员单岗值乘确认呼唤标准用语（出段至发车）见表7－2。

表7－2　机车乘务员单岗值乘确认呼唤标准用语（出段至发车）

序号	呼唤时机	呼唤项目	确认呼唤标准用语
1	电力机车升弓	升弓作业	升弓注意， 升弓好了
2	整备完毕，人员就岗	出段准备作业	出段准备好了
3	出段前	还道信号及出段手信号显示（非集中操纵道岔）	××道，出段手信号好了
4		出段信号显示（含出段简易信号）	出段信号，白（绿）灯 出段信号，蓝（红）灯停车
5	经过非集中操纵道岔前	道岔开通位置	道岔开通正确
6	经过其他要道还道地点前	还道信号及道岔开通手信号显示	一度停车 ××道，手信号好了
7	行至站段分界点	站段分界点（或一度停车牌）	一度停车
8	调车信号前	调车信号显示	调车信号，白灯 调车信号，蓝（红）灯停车
9	调车复示信号前	调车复示信号	复示信号，白灯 复示信号，注意
10	换端作业时	制动防溜	注意防溜
11	进入挂车线	脱轨器	脱轨器，撤除好了、（红灯、红牌）停车
12	连挂车时	连挂距离	十辆　、五辆、三辆、停车
13		防护信号	防护信号，撤除好了 防护信号，注意
14	列车制动机试验时	列车制动机试验作业	制动、缓解 试风好了

续表

序号	呼唤时机	呼唤项目	确认呼唤标准用语
15	发车前	行车安全装备设置作业	LKJ 设置，设置好了 CIR（或通信装置）设置，设置好了 列尾装置设置，设置好了 机车信号确认，确认好了
16		出站（发车进路）信号显示一个绿灯	绿灯，出站（发车进路）好了
17		出站（发车进路）信号显示两个绿灯	双绿灯，××（线、站）方向出站好了
18		出站（发车进路）信号显示一个绿灯一个黄灯	绿黄灯，出站（发车进路）好了
19		出站（发车进路）信号显示一个黄灯	黄灯，出站（发车进路）好了
20		非正常行车确认行车凭证时	确认行车凭证，路票正确 确认行车凭证，绿色许可证正确 确认行车凭证，红色许可证正确 确认行车凭证，调度命令正确
21		进路表示器显示	进路表示器，××（线、站）方向好了 进路表示器，正、反方向好了
22		发车信号	一圈、两圈、三圈，发车信号好了 联控发车好了
23		发车表示器	发车表示器白灯
24	起动列车后	确认开车时刻	正点（或晚点××分）开车
25		监控装置对标点及道岔限速	对标好了，道岔限速××公里
26	出站后	操纵台各仪表、指示灯、机车微机（计算机）工况屏显示	各仪表（网压）显示正常

2）途中运行

机车乘务员单岗值乘确认呼唤标准用语（途中运行）见表7－3。

表7－3　机车乘务员单岗值乘确认呼唤标准用语（途中运行）

序号	呼唤时机	呼唤项目	确认呼唤标准用语
1	贯通试验或试闸点	贯通试验或试闸作业	贯通试验，贯通试验好了 试闸，试闸好了
2	查询列尾时	列尾查询作业	列尾查询，尾部风压××千帕
3	接近慢行地段限速标	慢行标识及限速值	慢行限速××公里
4	慢行减速地点（始端）标	慢行减速地点（始端）标位置	慢行开始
5	慢行减速地点（终端）标	慢行减速地点（终端）标位置	严守速度
6	越过减速防护地段终端信号标	减速防护地段终端信号标位置	慢行结束
7	乘降所	乘降所	××乘降所停车
8	分相前	分相位置	过分相注意
9	禁止双弓标前	禁止双弓标	单弓好了
10	断电标前	断电标（T断标）	断电好了
11	越过合电标后	合电标	闭合好了
12	准备降弓标	准备降弓标	准备降弓
13	降弓标前	降弓标	降弓好了
14	越过升弓标后	升弓标	升弓好了
15	遮断信号	遮断信号显示	遮断信号，红灯停车、无显示
16	半自动闭塞区段进站（进路）信号机处 自动闭塞区段进站信号前一架通过信号机、进站（进路）信号机处	监控距离与地面信号机实际距离核对	确认车位，车位正确 确认车位，校正好了
17	进站、接车进路复示信号	复示信号显示	复示信号，直向、侧向 复示信号，注意信号
18	出站、发车进路复示信号	复示信号显示	复示信号，好了 复示信号，注意信号
19	通过手信号	通过手信号显示	通过手信号，好了（站内停车）
20	防护信号前	防护信号	防护信号，红灯（红旗）停车、火炬停车、撤除好了

续表

序号	呼唤时机	呼唤项目	确认呼唤标准用语
21	预告信号前	预告信号显示	预告信号，好了、注意信号
22	CIR 接收接车进路预告信息时	进路预告信息内容	××站（线路所）××道通过（停车）、机外停车
23	接收临时调度命令时	调度命令号及内容	确认调度命令，确认好了
24	通信模式转换时	模式转换	通信转换注意，转换好了
25	机车信号转换时	机车信号转换	机车信号转换，转换好了
26	接近信号前	接近信号显示	绿灯 绿黄灯 黄灯减速
27	进站（接车进路）信号前	进站（进路）信号机显示一个绿灯	绿灯，正线通过
28		进站（进路）信号机显示一个绿灯一个黄灯	绿黄灯，正线通过，注意运行
29		进站（进路）信号机显示一个黄灯	黄灯，正线停车
30		进站（进路）信号机显示两个黄灯	双黄灯，侧线，限速××公里
31		进站（进路）信号机显示黄闪黄	黄闪黄，侧线，限速××公里
32		进站（进路）信号机显示红灯	红灯，机外停车
33		非正常行车确认行车凭证时	一红一白，引导信号好了 黄旗、黄灯，引导手信号好了 绿旗、绿灯，特定引导手信号好了 机外停车
34	出站（发车进路）信号前	出站（发车进路）信号显示一个绿灯	绿灯，出站（发车进路）好了
35		出站（发车进路）信号显示两个绿灯	双绿灯，××（线、站）方向出站好了
36		出站（发车进路）信号显示一个绿灯一个黄灯	绿黄灯，出站（发车进路）好了
37		出站（发车进路）信号显示一个黄灯	黄灯，出站（发车进路）好了
38		出站（发车进路）信号显示一个红灯	红灯，站内停车
39		非正常行车确认行车凭证时	确认行车凭证，路票正确 确认行车凭证，绿色许可证正确 确认行车凭证，红色许可证正确 确认行车凭证，调度命令正确

续表

序号	呼唤时机	呼唤项目	确认呼唤标准用语
40	进路表示器前	进路表示器显示	进路表示器，××（线、站）方向好了 进路表示器，正、反方向好了
41	确认仪表时	操纵台各仪表、指示灯、机车微机（计算机）工况屏显示	各仪表（网压）显示正常
42	自动闭塞区段闭塞分区通过信号前	闭塞分区通过信号显示	绿灯 绿黄灯 黄灯减速 红灯停车
43	线路所通过信号机前	线路所通过信号显示	通过信号， 绿灯，（××方向好了） 绿黄灯，（××方向好了） 黄灯减速，（××方向好了） 侧线限速××公里、××方向好了 机外停车
44		非正常行车确认行车凭证时	确认行车凭证，凭证正确
45	列车运行限制速度变速点前（由高速变低速）	变速点低速值	前方限速××公里，注意控速
46	输入侧线股道号	侧线股道号	××道输入好了
47	输入支线号	支线号	支线号输入好了
48	接近限制鸣笛标前	限制鸣笛标	进入限鸣区段
49	接近防洪地点标前	防洪地点标	防洪地点，注意运行
50	接近道口前	道口位置	道口注意
51	列车客运停点、终到	报点	正点（晚点或早点××分）到达（通过、开车）

3）到达至入段

机车乘务员单岗值乘确认呼唤标准用语（到达至入段）见表7-4。

表7-4 机车乘务员单岗值乘确认呼唤标准用语（到达至入段）

序号	呼唤时机	呼唤项目	确认呼唤标准用语
1	列车终到后	行车安全装备设置	LKJ设置，设置好了 CIR（或通信装置）设置，设置好了 列尾装置设置，设置好了
2	调车转线作业	调车信号显示	调车信号，白灯 调车信号，蓝（红）灯停车
3	调车复示信号前	调车复示信号	复示信号，白灯 复示信号，注意
4	行至站段分界点	站段分界点（或一度停车牌）	一度停车
5	入段前	还道信号及入段手信号显示（非集中操纵道岔）	××道，入段手信号好了
6		入段信号显示（含简易信号显示）	入段信号，白（绿）灯 入段信号，蓝（红）灯停车
7	经过非集中操纵道岔前	道岔位置	道岔开通正确
8	经过其他要道还道地点前	还道信号及道岔开通手信号	一度停车 ××道，手信号好了
9	换端作业时	制动防溜	注意防溜
10	进入段内尽头线或有车线	确认停车距离	十辆、五辆、三辆、停车
11	整备线防护信号前	防护信号显示	防护信号，撤除好了 防护信号，（红灯、蓝灯、红旗、红牌）停车

2. 机车乘务员双岗值乘确认呼唤（应答）标准用语

1）出段至发车

机车乘务员双岗值乘确认呼唤（应答）标准用语（出段至发车）见表7－5。

表7－5　机车乘务员双岗值乘确认呼唤（应答）标准用语（出段至发车）

序号	呼唤时机	呼唤		应答		复诵	
		呼唤者	标准用语	应答者	标准用语	复诵者	标准用语
1	电力机车升弓	操纵司机	升弓	学习司机 非操纵司机	升弓注意	操纵司机	升弓好了
2	整备完毕，人员就岗	学习司机 非操纵司机	出段准备	操纵司机	准备好了		
3	出段前	学习司机 非操纵司机	还道信号 出段信号（非集中操纵道岔呼唤内容）	操纵司机	××道 出段手信号好了	学习司机 非操纵司机	××道 出段手信号好了
4		学习司机 非操纵司机	出段信号	操纵司机	白（绿）灯 蓝（红）灯停车	学习司机 非操纵司机	白（绿）灯 蓝（红）灯停车
5	经过非集中操纵道岔前	学习司机 非操纵司机	道岔注意	操纵司机	道岔开通正确	学习司机 非操纵司机	道岔开通正确
6	经过其他要道还道地点前	学习司机 非操纵司机	一度停车 还道信号 道岔开通信号	操纵司机	一度停车 ××道 手信号好了	学习司机 非操纵司机	××道 手信号好了
7	行至站段分界点（或一度停车牌）	学习司机 非操纵司机	一度停车	操纵司机	一度停车		
8	调车信号前	学习司机 非操纵司机	调车信号	操纵司机	白灯、蓝（红）灯停车	学习司机 非操纵司机	白灯、蓝（红）灯停车
9	调车复示信号前	学习司机 非操纵司机	复示信号	操纵司机	白灯 注意信号	学习司机 非操纵司机	白灯 注意信号
10	换端作业时	学习司机 非操纵司机	注意防溜	操纵司机	注意防溜		

续表

序号	呼唤时机	呼唤		应答		复诵	
		呼唤者	标准用语	应答者	标准用语	复诵者	标准用语
11	进入挂车线	学习司机 非操纵司机	脱轨器注意	操纵司机	撤除好了（红灯、红牌）停车	学习司机 非操纵司机	撤除好了（红灯、红牌）停车
12	连挂车时	学习司机 非操纵司机	十辆、五辆、三辆、停车	操纵司机	十辆、五辆、三辆、停车		
13		学习司机 非操纵司机	防护信号	操纵司机	撤除好了 注意信号	学习司机 非操纵司机	好了 注意
14	列车制动机试验时	学习司机 非操纵司机	制动、缓解试风好了	操纵司机	制动、缓解试风好了		
15	发车前	学习司机 非操纵司机	确认行车安全装备	操纵司机	LKJ 设置好了 CIR（或通信装置）设置好了 列尾装置设置好了 机车信号确认好了	学习司机 非操纵司机	LKJ设置好了 CIR（或通信装置）设置好了 列尾装置设置好了 机车信号确认好了
16		学习司机 非操纵司机	出站（发车进路）信号	操纵司机	绿灯，出站（发车进路）好了 双绿灯，××（线、站）方向出站好了 绿黄灯，出站（发车进路）好了。 黄灯，出站（发车进路）好了	学习司机 非操纵司机	绿灯，出站（发车进路）好了 双绿灯，××（线、站）方向出站好了 绿黄灯，出站（发车进路）好了。 黄灯，出站（发车进路）好了

续表

序号	呼唤时机	呼唤		应答		复诵	
		呼唤者	标准用语	应答者	标准用语	复诵者	标准用语
17	发车前	学习司机 非操纵司机	确认路票 确认绿色许可证 确认红色许可证 确认调度命令	操纵司机	路票正确 绿色许可证正确 红色许可证正确 调度命令正确	学习司机 非操纵司机	路票正确 绿色许可证正确 红色许可证正确 调度命令正确
18		学习司机 非操纵司机	进路表示器	操纵司机	××（线、站）方向好了 正、反方向好了	学习司机 非操纵司机	××（线、站）方向好了 正、反方向好了
19		学习司机 非操纵司机	发车信号	操纵司机	一圈、两圈、三圈，发车信号好了 联控发车好了	学习司机 非操纵司机	一圈、两圈、三圈，发车信号好了 联控发车好了
20		学习司机 非操纵司机	发车表示器	操纵司机	发车表示器白灯	学习司机 非操纵司机	发车表示器白灯
21	起动列车后	学习司机 非操纵司机	确认开车时刻	操纵司机	正点（或晚点××分）开车	学习司机 非操纵司机	好了
22	起动列车后	学习司机 非操纵司机	注意对标	操纵司机	对标好了 道岔限速××公里	学习司机 非操纵司机	好了 道岔限速××公里
23		学习司机 非操纵司机	后部注意	操纵司机	后部好了	学习司机 非操纵司机	后部好了
24	出站后	学习司机 非操纵司机	仪表注意	操纵司机	各仪表（网压）显示正常		

2）途中运行

机车乘务员双岗值乘确认呼唤（应答）标准用语（途中运行）见表7－6。

表7－6 机车乘务员双岗值乘确认呼唤（应答）标准用语（途中运行）

序号	呼唤时机	呼唤		应答		复诵	
		呼唤者	标准用语	应答者	标准用语	复诵者	标准用语
1	机械间巡视及巡视后	学习司机 非操纵司机	机械间检查各部正常	操纵司机	注意安全好了	学习司机 非操纵司机	加强瞭望
2	贯通试验或试闸点	学习司机 非操纵司机	贯通试验或试闸	操纵司机	贯通试验好了 或试闸好了	学习司机 非操纵司机	好了
3	查询列尾时	学习司机 非操纵司机	列尾查询	操纵司机	尾部风压××千帕	学习司机 非操纵司机	好了
4	接近慢行地段限速标	学习司机 非操纵司机	慢行注意	操纵司机	限速××公里	学习司机 非操纵司机	限速××公里
5	慢行减速地点（始端）标	学习司机 非操纵司机	慢行开始	操纵司机	慢行开始		
6	慢行减速地点（终端）标	学习司机 非操纵司机	严守速度	操纵司机	严守速度		
7	越过减速防护地段终端信号标	学习司机 非操纵司机	慢行结束	操纵司机	慢行结束		
8	乘降所	学习司机 非操纵司机	××乘降所	操纵司机	停车	学习司机 非操纵司机	停车
9	接近分相前	学习司机 非操纵司机	过分相注意	操纵司机	注意	学习司机 非操纵司机	注意
10	禁止双弓标前	学习司机 非操纵司机	禁止双弓	操纵司机	单弓好了	学习司机 非操纵司机	好了
11	断电标（T断标）前	学习司机 非操纵司机	断电	操纵司机	断电好了	学习司机 非操纵司机	好了
12	越过合电标后	学习司机 非操纵司机	闭合	操纵司机	闭合好了	学习司机 非操纵司机	好了

续表

序号	呼唤时机	呼唤		应答		复诵	
		呼唤者	标准用语	应答者	标准用语	复诵者	标准用语
13	准备降弓标前	学习司机 非操纵司机	准备降弓	操纵司机	准备降弓		
14	降弓标前	学习司机 非操纵司机	降弓	操纵司机	降弓好了	学习司机 非操纵司机	好了
15	越过升弓标后	学习司机 非操纵司机	升弓	操纵司机	升弓好了	学习司机 非操纵司机	好了
16	遮断信号前	学习司机 非操纵司机	遮断信号	操纵司机	红灯停车， 无显示	学习司机 非操纵司机	红灯停车， 无显示
17	半自动闭塞区段进站（进路）信号机处； 自动闭塞区段进站信号前一架通过信号机、进站（进路）信号机处	学习司机 非操纵司机	确认车位	操纵司机	车位正确 校正好了	学习司机 非操纵司机	车位正确 好了
18	进站、接车进路复示信号前	学习司机 非操纵司机	复示信号	操纵司机	直向、侧向或注意信号	学习司机 非操纵司机	直向、侧向或注意信号
19	出站、发车进路复示信号前	学习司机 非操纵司机	复示信号	操纵司机	复示好了、注意信号	学习司机 非操纵司机	复示好了、注意信号
20	通过手信号	学习司机 非操纵司机	通过手信号	操纵司机	手信号好了 站内停车	学习司机 非操纵司机	手信号好了 站内停车
21	防护信号前	学习司机 非操纵司机	防护信号	操纵司机	红灯（红旗）停车 火炬停车 撤除好了	学习司机 非操纵司机	红灯（红旗）停车 火炬停车 撤除好了
22	预告信号前	学习司机 非操纵司机	预告信号	操纵司机	预告好了 注意信号	学习司机 非操纵司机	预告好了 注意信号

续表

序号	呼唤时机	呼唤		应答		复诵	
		呼唤者	标准用语	应答者	标准用语	复诵者	标准用语
23	CIR接收接车进路预告信息时	学习司机 非操纵司机	确认进路预告信息	操纵司机	××站（线路所）××道通过（停车）、机外停车	学习司机 非操纵司机	××站（线路所）××道通过（停车）、机外停车
24	接收临时调度命令时	学习司机 非操纵司机	确认调度命令	操纵司机	调度命令确认好了	学习司机 非操纵司机	调度命令确认好了
25	通信模式转换时	学习司机 非操纵司机	通信转换注意	操纵司机	转换好了	学习司机 非操纵司机	好了
26	转换机车信号时	学习司机 非操纵司机	机车信号转换注意	操纵司机	转换好了	学习司机 非操纵司机	好了
27	接近信号前	学习司机 非操纵司机	接近信号	操纵司机	绿灯 绿黄灯 黄灯减速	学习司机 非操纵司机	绿灯 绿黄灯 黄灯减速
28	进站（接车进路）信号前	学习司机 非操纵司机	进站（进路）信号	操纵司机	绿灯，正线通过 绿黄灯，正线通过，注意运行 黄灯，正线 双黄灯，侧线，限速××公里 黄闪黄，侧线，限速××公里 红灯，机外停车	学习司机 非操纵司机	绿灯，正线通过 绿黄灯，正线通过，注意运行 黄灯，正线 双黄灯，侧线，限速××公里 黄闪黄，侧线，限速××公里 红灯，机外停车
29		学习司机 非操纵司机	引导信号 引导手信号 特定引导手信号 机外停车	操纵司机	一红一白，引号信号好了 黄旗、黄灯，引导手信号好了 绿旗、绿灯，特定引导手信号好了 机外停车	学习司机 非操纵司机	一红一白，引号信号好了 黄旗、黄灯，引导手信号好了 绿旗、绿灯，特定引导手信号好了 机外停车

续表

序号	呼唤时机	呼唤		应答		复诵	
		呼唤者	标准用语	应答者	标准用语	复诵者	标准用语
29	出站（发车进路）信号前	学习司机 非操纵司机	出站（发车进路）信号	操纵司机	绿灯，出站（发车进路）好了 双绿灯，××（线、站）方向出站好了 绿黄灯，出站（发车进路）好了。 黄灯，出站（发车进路）好了 红灯，停车	学习司机 非操纵司机	绿灯，出站（发车进路）好了 双绿灯，××（线、站）方向出站好了 绿黄灯，出站（发车进路）好了。 黄灯，出站（发车进路）好了 红灯，停车
30		学习司机 非操纵司机	确认路票 确认绿色许可证 确认红色许可证 确认调度命令	操纵司机	路票正确 绿色许可证正确 红色许可证正确 调度命令正确	学习司机 非操纵司机	路票正确 绿色许可证正确 红色许可证正确 调度命令正确
31	进路表示器前	学习司机 非操纵司机	进路表示器	操纵司机	××（线、站）方向好了 正、反方向好了	学习司机 非操纵司机	××（线、站）方向好了 正、反方向好了
32	确认仪表时	学习司机 非操纵司机	仪表注意	操纵司机	各仪表（网压）显示正常		
33	自动闭塞区段闭塞分区通过信号前	学习司机 非操纵司机	通过信号	操纵司机	绿灯 绿黄灯 黄灯减速 红灯停车	学习司机 非操纵司机	绿灯 绿黄灯 黄灯减速 红灯停车

续表

序号	呼唤时机	呼唤		应答		复诵	
		呼唤者	标准用语	应答者	标准用语	复诵者	标准用语
34	线路所通过信号机前	学习司机 非操纵司机	通过信号 确认行车凭证	操纵司机	绿灯，（××方向好了） 绿黄灯，（××方向好了） 黄灯减速，（××方向好了） 侧线限速××公里、××方向好了 机外停车 线路所凭证正确	学习司机 非操纵司机	绿灯，（××方向好了） 绿黄灯，（××方向好了） 黄灯减速，（××方向好了） 侧线限速××公里、××方向好了 机外停车 线路所凭证正确
35	列车运行限制速度变速点前（由高速变低速）	操纵司机	前方限速××公里	学习司机 非操纵司机	注意控速	操纵司机	注意控速
36	交会列车时	学习司机 非操纵司机	会车注意	操纵司机	注意		
37	输入侧线股道号	学习司机 非操纵司机	输入侧线股道号	操纵司机	××道输入好了		
38	输入支线号	学习司机 非操纵司机	输入支线号	操纵司机	支线号输入好了		
39	接近限制鸣笛标前	学习司机 非操纵司机	进入限鸣区段	操纵司机	限制鸣笛	学习司机 非操纵司机	限制鸣笛
40	接近防洪地点标	学习司机 非操纵司机	进入防洪地点	操纵司机	注意运行	学习司机 非操纵司机	注意运行
41	接近道口前	学习司机 非操纵司机	道口注意	操纵司机	注意		
42	途中换班时	接班司机	换班注意	交班司机	加强瞭望；（前方有限速）；注意安全	接班司机	明白

3）到达至入段

机车乘务员双岗值乘确认呼唤（应答）标准用语（到达至入段）见表7－7。

表7－7　机车乘务员双岗值乘确认呼唤（应答）标准用语（到达至入段）

序号	呼唤时机	呼唤		应答		复诵	
		呼唤者	标准用语	应答者	标准用语	复诵者	标准用语
1	列车终到后	学习司机 非操纵司机	确认行车安全装备	操纵司机	LKJ设置好了 CIR（或通信装置）设置好了 列尾装置设置好了	学习司机 非操纵司机	LKJ设置好了 CIR（或通信装置）设置好了 列尾装置设置好了
2	调车转线作业	学习司机 非操纵司机	调车信号	操纵司机	白灯、蓝（红）灯停车	学习司机 非操纵司机	白灯、蓝（红）灯停车
3	调车复示信号前	学习司机 非操纵司机	复示信号	操纵司机	白灯 注意信号	学习司机 非操纵司机	白灯 注意信号
4	行至站段分界点（或一度停车牌）	学习司机 非操纵司机	一度停车	操纵司机	一度停车		
5	入段前	学习司机 非操纵司机	还道信号 入段信号 （非集中操纵道岔呼唤内容）	操纵司机	××道 入段手信号好了	学习司机 非操纵司机	××道 入段手信号好了
6		学习司机 非操纵司机	入段信号	操纵司机	白（绿）灯 蓝（红）灯停车	学习司机 非操纵司机	白（绿）灯 蓝（红）灯停车
7	经过非集中操纵道岔前	学习司机 非操纵司机	道岔注意	操纵司机	道岔开通正确	学习司机 非操纵司机	道岔开通正确
8	经过其他要道还道地点前	学习司机 非操纵司机	一度停车 还道信号 道岔开通信号	操纵司机	一度停车 ××道 手信号好了	学习司机 非操纵司机	××道 手信号好了
9	换端作业时	学习司机 非操纵司机	注意防溜	操纵司机	注意防溜		
10	进入段内尽头线或有车线	学习司机 非操纵司机	十辆、五辆、三辆、停车	操纵司机	十辆、五辆、三辆、停车		

续表

序号	呼唤时机	呼唤		应答		复诵	
		呼唤者	标准用语	应答者	标准用语	复诵者	标准用语
11	整备线防护信号前	学习司机 非操纵司机	防护信号	操纵司机	撤除好了（红灯、蓝灯、红旗、红牌）停车	学习司机 非操纵司机	撤除好了（红灯、蓝灯、红旗、红牌）停车

4）说明

（1）同时具有接车进路和发车进路的进路信号机，列车在该信号机前停车及发出时，按照发车进路信号机进行呼唤，信号指示列车在该信号机前不停车通过该信号时，按照接车进路信号机进行呼唤。

（2）设有出站信号机的线路所，线路所通过信号比照进站信号机呼唤内容进行呼唤。

（3）双线自动闭塞区段 2 灯位进路表示器显示，根据灯位显示确认呼唤“正、反方向好了”；双线自动闭塞区段 1 灯位进路表示器显示，反方向行车着灯时确认呼唤“反方向好了”，正方向行车不着灯时不呼唤；除上述之外的进路表示器，在确认进路表示器显示灯位后，呼唤“××（线、站）方向好了”。

（4）慢行地点限速标未标明限速值时，按限速 25 km/h 进行呼唤。

（5）机车监控装置正线开车对标，无侧向道岔限速时，不呼唤道岔限速。

（6）对发车信号的呼唤，含使用手信号及无线通信设备发车。

（7）防洪地点标仅在防洪期间进行呼唤。

（8）上述表中“其他要道还道地点”，是指办理出段或入段作业走行进路上，显示出段或入段手信号之外的扳道房前的停车要道地点。

（9）双岗值乘时，首、末次机械间巡视需对巡视主要内容进行汇报。

（10）双岗值乘途中换班作业，运行当前区间或前方第一区间有临时限速时需进行呼唤。

（11）单岗值乘时，操纵司机按照《单岗值乘确认呼唤标准》执行，添乘指导司机对操纵司机确认呼唤内容进行复诵。

（12）双岗值乘时，值乘人员按照《双岗值乘确认呼唤（应答）标准》执行，添乘指导司机按照《双岗值乘确认呼唤（应答）标准》中复诵者内容进行复诵。

（13）货运列车在车站开车、通过、到达可不报告和呼唤列车正晚点时分。

（14）司机途中操纵牵引、制动手柄及操作行车安全装备遇有需要进行呼唤和手比的项目时，可只呼唤不手比。

（15）机车乘务员途中担当调车作业及专调机车调车作业确认呼唤（应答）标准，由各铁路局根据担当车型及作业方式自行制订。

三、车机联控

机车乘务员在始发站或中间站停车再开，通过限速地段、发现危及行车安全，接近前方站等情况时，应执行车机联控制度，使用列车无线调度电话与车辆乘务员、车站值班员通话联系，以达到交流信息，确认行车有关内容的目的。

1. 基本要求

车机联控是车务、机务等行车有关人员使用列车无线调度通信设备，按规定联络，提示行车安全信息，确认行车要求的互控方式。车机联控各项呼叫如未听到对方应答，应再呼叫两次，失控信息按规定填记信息卡反馈责任单位；遇危及行车安全时可不受呼叫次数限制，直至呼通为止。

车机联控时应逐站逐列呼唤应答，使用普通话，做到用语准确、吐字清晰。

遇数字“0”“1”“2”“7”可读“dòng（洞）”“yāo（幺）”“liǎng（两）”“guǎi（拐）”。

2. 列车车次读法

联控用语中，列车车次读法遵循下列要求。

（1）高速列车 G××次称为：高××次。

（2）动车组 D××次称为：动××次。

（3）动车组检测列车 DJ××次称为：动检××次。

（4）城际列车 C××次称为：城××次。

（5）直达特快旅客列车 Z××次称为：客车直××次。

（6）特快旅客列车 T××次称为：客车特××次。

（7）快速旅客列车 K××次称为：客车快××次。

（8）普通旅客列车××次称为：客车××次。

（9）临时旅客列车 L××次称为：客车临××次。

（10）临时旅客列车 A××次称为：客车诶（读音为“ēi”）××次。

（11）旅游列车 Y××次称为：客车游××次。

（12）回送客车底 0××次称为：零××次。

（13）特快货运班列、快运货物列车 X××次称为：行××次。

（14）行包列车 X×次称为：行×次。

3. 车机联控标准用语

（1）接车。

①车机联控标准用语（正常接车）见表7－8。

表7－8　车机联控标准用语（正常接车）

<table>
<tr><th rowspan="2">呼叫时机</th><th colspan="3">联控用语</th></tr>
<tr><th>作业人</th><th>列车司机</th><th>车站值班员（列车调度员）</th></tr>
<tr><td rowspan="3">自动闭塞区段，列车接近第一接近通过信号机或规定的呼叫点；半自动闭塞及自动站间闭塞区段（双线反方向行车时），列车在规定的呼叫点</td><td>呼叫人</td><td>××站××次接近</td><td></td></tr>
<tr><td>被呼叫人</td><td></td><td>××（次）××（站）×道通过（停车）</td></tr>
<tr><td>复诵人</td><td>××（次）×（道）通过（停车），司机明白</td><td></td></tr>
<tr><td colspan="4">（1）区间（站内）有施工（维修）作业时，列车调度员自发布封锁施工命令后至施工销记期间，邻线通过列车呼叫后，被呼叫人联控用语为：××次××站×道通过（停车），区间（站内）邻线有施工（维修）作业，注意运行；复诵人：××次×道通过（停车），区间（站内）邻线有施工（维修）作业，注意运行，司机明白。
（2）普速铁路CTC区段及高速铁路区段，遇机车综合无线通信设备未接收到接车进路预告信息时，车站值班员（列车调度员）通知司机进路信息时，有关用语比照此条执行</td></tr>
</table>

②车机联控标准用语（引导接车）见表7－9。

表7－9　车机联控标准用语（引导接车）

<table>
<tr><th rowspan="2">呼叫时机</th><th colspan="3">联控用语</th></tr>
<tr><th>作业人</th><th>车站值班员（车务应急值守人员）</th><th>列车司机</th></tr>
<tr><td rowspan="2">引导信号开放后，人工引导时为进路准备妥当后</td><td>呼叫人</td><td>××次××站引导接车，×道通过（停车），注意（特定）引导（手）信号（调度命令××号）</td><td></td></tr>
<tr><td>被呼叫人</td><td></td><td>××次××站引导接车，×道通过（停车），注意（特定）引导（手）信号（调度命令××号），司机明白</td></tr>
<tr><td colspan="4">人工引导时，列车调度员发布使用引导手信号接车的调度命令</td></tr>
</table>

③车机联控标准用语（非常站控）见表7－10。

表7－10　车机联控标准用语（非常站控）

呼叫时机	联控用语		
	作业人	车站值班员	列车司机
分散自律控制模式车站临时转为非常站控模式办理接车时，车站值班员向司机指路	呼叫人	××（次）司机，××站×道通过（停车）	
	被呼叫人		××（次）×道通过（停车），司机明白

④车机联控标准用语［机外（进路外）停车后再开］见表7－11。

表7－11　车机联控标准用语［机外（进路外）停车后再开］

呼叫时机	联控用语		
	作业人	车站值班员（车务应急值守人员）	列车司机
列车机外（进路外）停车再开，信号开放后	呼叫人	××（次）进站（接车进路）信号好了，×道通过（停车）	
	被呼叫人		××（次）进站（接车进路）信号好了，×道通过（停车），司机明白
挂有列尾装置的列车开车前，司机应按照上述呼叫时机使用列尾装置核对风压。当客列尾装置故障后，车辆乘务员在监听到车站呼叫及司机联控应答后，确认列车尾部风压符合开车条件后，呼叫“××（次）尾部风压××千帕，可以开车”，司机听到后应答“尾部风压××千帕，司机明白”			

⑤车机联控标准用语（确认列车完整）见表7－12。

表7－12　车机联控标准用语（确认列车完整）

呼叫时机	作业用语		
	作业人	车站值班员	列车司机
半自动闭塞区段内的车站、自动站间闭塞区段计轴设备故障的车站、自动闭塞区段闭塞设备停用的车站，使用列尾装置的列车在站内停车时，列车尾部进站后。 无助理值班员的车站列车通过或设有助理值班员的车站，通过列车助理值班员未能确认列尾装置时	呼叫人	××（次）司机，请确认列车完整	
	被呼叫人		××站××（次）尾部风压××千帕
	复诵人	××（次）尾部风压××千帕，××站明白	
（1）司机按规定查询列尾装置风压，确定列车完整情况后，使用无线列车调度通信设备报告。 （2）列尾装置故障后的旅客列车，司机根据车辆乘务员汇报的尾部风压，确认列车完整			

⑥车机联控标准用语（货物列车特殊前行）见表7－13。

表7－13 车机联控标准用语（货物列车特殊前行）

<table>
<tr><th rowspan="2">呼叫时机</th><th colspan="3">作业用语</th></tr>
<tr><th>作业人</th><th>车站值班员</th><th>列车司机</th></tr>
<tr><td rowspan="3">列车尾部停在警冲标外方或压轨道绝缘时，利用列车无线调度通信设备立即通知机车司机</td><td>呼叫人</td><td>××（次）司机尾部未过标</td><td></td></tr>
<tr><td>被呼叫人</td><td></td><td>××站，××（次）请求特殊前行××米</td></tr>
<tr><td>复诵人</td><td>××（次）请求特殊前行××米，××站明白</td><td></td></tr>
<tr><td colspan="4">司机需使用列车运行监控装置“特殊前行”模式时，通知车站值班员申请列车调度员口头同意。
车站值班员：准许××（次）特殊前行××米，调度员××同意。列车司机：准许××（次）前行××米，调度员××同意，司机明白</td></tr>
</table>

⑦车机联控标准用语（列车待避或会让）见表7－14。

表7－14 车机联控标准用语（列车待避或会让）

<table>
<tr><th rowspan="2">呼叫时机</th><th colspan="3">作业用语</th></tr>
<tr><th>作业人</th><th>车站值班员（列车调度员）</th><th>列车司机</th></tr>
<tr><td rowspan="2">列车待避或会让时，车站值班员应通知司机开车时间</td><td>呼叫人</td><td>××（次）司机，待避（会让）××（次），×点×分准备发车</td><td></td></tr>
<tr><td>被呼叫人</td><td></td><td>××（次）待避（会让）××（次），×点×分准备发车，司机明白</td></tr>
</table>

⑧车机联控标准用语（列车紧跟踪）见表7－15。

表7－15 车机联控标准用语（列车紧跟踪）

<table>
<tr><th rowspan="2">呼叫时机</th><th colspan="3">作业用语</th></tr>
<tr><th>作业人</th><th>车站值班员</th><th>列车司机</th></tr>
<tr><td rowspan="2">自动闭塞区段，一个区间已有列车运行时，车站值班员接到“紧跟踪”报警后，按《行车技术管理规定》相关规定，及时与追踪（自动闭塞区段，在跟踪单机运行的后续列车进入区间前）列车司机联控</td><td>呼叫人</td><td>××（次）司机，前方有××（次）列车运行，请注意</td><td></td></tr>
<tr><td>被呼叫人</td><td></td><td>××（次）司机明白</td></tr>
<tr><td colspan="4">在跟踪单机运行的后续列车进入区间后，如呼叫不到时，可通知前方站呼叫单机司机。
车站值班员：单机××（次）司机，后续××次列车跟踪运行。单机司机：单机××（次）司机明白。
追踪单机运行的列车在通过信号机信号发生异常变化（红灯变绿黄灯、绿灯；黄灯变绿灯）时，司机应立即采取停车措施，并与前方运行的单机司机进行联系，确认前方单机正常运行，与车站联系确认闭塞分区空闲后，方准开车。
后续列车司机：单机××（次）司机，后续××（次）列车司机呼叫，运行是否正常。
单机司机：××（次）列车，单机××（次）在××处停车（运行正常），请注意</td></tr>
</table>

⑨车机联控标准用语（站停时间不足 3 分钟旅客列车确认列车停妥）见表 7－16。

表 7－16　车机联控标准用语（站停时间不足 3 分钟旅客列车确认列车停妥）

<table>
<tr><th rowspan="2">呼叫时机</th><th colspan="4">作业用语</th></tr>
<tr><th>作业人</th><th>车站值班员</th><th>助理值班员</th><th>列车司机</th></tr>
<tr><td rowspan="3">办理客运业务的旅客列车在车站停车时间不足 3 分钟，有旅客乘降的车站，确认列车停妥</td><td>呼叫人</td><td>无助理值班员的车站：××次司机，列车是否已停妥？</td><td>有助理值班员的车站：值班员，××次×道已停妥</td><td></td></tr>
<tr><td>被呼叫人</td><td>有助理值班员的车站：××次已停妥，值班员明白</td><td></td><td>无助理值班员的车站：××次已停妥</td></tr>
<tr><td>复诵人</td><td>××次已停妥，值班员明白</td><td></td><td></td></tr>
<tr><td colspan="5">办理站停时间不足 3 分钟有旅客乘降的旅客列车时，车站值班员确认列车整列进入接车线停妥汇报后即可开放出站信号（CTC 区段除外）</td></tr>
</table>

学习笔记

(2) 发车(动车组列车除外)。

①车机联控标准用语(普速铁路 TDCS 区段发出旅客列车、货物列车)见表 7－17。

表 7－17 车机联控标准用语(普速铁路 TDCS 区段发出旅客列车、货物列车)

呼叫时机	联控用语		
	作业人	助理值班员(车站值班员)	列车司机
出站信号开放后	呼叫人	××(次)×道出站(发车进路)信号好了,现在准备发车,司机请回答	
	被呼叫人		××(次)×道出站(发车进路)信号好了,司机明白,尾部风压××千帕
司机应按规定确认列尾装置尾部风压			

②车机联控标准用语(普速铁路 CTC 区段设有助理值班员的车站发出旅客列车、货物列车)见表 7－18。

表 7－18 车机联控标准用语(普速铁路 CTC 区段设有助理值班员的车站发出旅客列车、货物列车)

呼叫时机	联控用语		
	作业人	助理值班员	列车司机
出站信号开放后	呼叫人	××(次)×道出站(发车进路)信号好了,现在准备发车,司机请回答	
	被呼叫人		××(次)×道出站(发车进路)信号好了,司机明白,尾部风压××千帕
司机应按规定确认列尾装置尾部风压			

③车机联控标准用语(普速铁路 TDCS 区段发出客列尾故障的旅客列车)见表 7－19。

表 7－19 车机联控标准用语(普速铁路 TDCS 区段发出客列尾故障的旅客列车)

呼叫时机	联控用语			
	作业人	助理值班员(车站值班员)	列车司机	车辆乘务员
出站信号开放后	呼叫人	××(次)×道出站(发车进路)信号好了,现在准备发车,车辆乘务员、司机请回答		
	被呼叫人		××(次)×道出站(发车进路)信号好了,司机明白,尾部风压××千帕	××(次)×道出站(发车进路)信号好了,车辆乘务员明白,尾部风压××千帕
司机应按规定确认列尾装置尾部风压,KLW 故障时由车辆乘务员确认列车尾部风压				

④车机联控标准用语（普速铁路 CTC 区段设有助理值班员的车站发出客列尾故障旅客列车）见表 7－20。

表 7－20　车机联控标准用语（普速铁路 CTC 区段设有助理值班员的车站发出客列尾故障旅客列车）

呼叫时机	联控用语			
	作业人	助理值班员	列车司机	车辆乘务员
出站信号开放后	呼叫人	××（次）×道出站（发车进路）信号好了，现在准备发车，车辆乘务员、司机请回答		
	被呼叫人		××（次）×道出站（发车进路）信号好了，司机明白，尾部风压××千帕	××（次）×道出站（发车进路）信号好了，车辆乘务员明白，尾部风压××千帕
司机应按规定确认列尾装置尾部风压，KLW 故障时由车辆乘务员确认列车尾部风压				

⑤车机联控标准用语（旅客列车在仅办理通勤职工乘降的未设助理值班员的中间站、旅客乘降所及通勤乘降点办理乘降后开车时）见表 7－21。

表 7－21　车机联控标准用语（旅客列车在仅办理通勤职工乘降的未设助理值班员的中间站、旅客乘降所及通勤乘降点办理乘降后开车时）

呼叫时机	联控用语		
	作业人	列车司机	车辆乘务员
出站信号开放后	呼叫人	××（次）现在准备发车，车辆乘务员请回答	
	被呼叫人		旅客乘降完毕，可以发车
	复诵人	××（次）可以发车，司机明白	

⑥车机联控标准用语（未使用列尾装置的列车）见表 7－22。

表 7－22　车机联控标准用语（未使用列尾装置的列车）

呼叫时机	联控用语		
	作业人	车站助理值班员（车站值班员）	列车司机
未使用列尾装置（包括列尾装置故障停用）又无车辆乘务员值乘的列车在车站发车时，出站信号开放后	呼叫人	××（次）×道出站（发车进路）信号好了，现在准备发车，司机请回答	
	被呼叫人		××（次）×道出站（发车进路）信号好了，司机明白
发车前按《铁路技术管理规程》《行车组织规则》相应规定进行自动制动机简略试验			

⑦车机联控标准用语（书面凭证）见表7－23。

表7－23 车机联控标准用语（书面凭证）

呼叫时机	联控用语		
	作业人	车站助理值班员（车站值班员）	列车司机
车站使用书面凭证发车	呼叫人	××（次）司机，××站使用路票（红色许可证、绿色许可证、半自动闭塞发车进路通知书、调度命令）发车，请确认凭证	
	被呼叫人		××（次）使用路票（红色许可证、绿色许可证、半自动闭塞发车进路通知书、调度命令）发车，司机明白

⑧车机联控标准用语［向封锁线路（区间）开行列车］见表7－24。

表7－24 车机联控标准用语［向封锁线路（区间）开行列车］

呼叫时机	联控用语		
	作业人	车站助理值班员（车站值班员）	列车司机
车站使用封锁线路（区间）的调度命令发车	呼叫人	××（次）×道发车进路好了，调度命令××号，司机请回答	
	被呼叫人		××（次）×道发车进路好了，调度命令××号，司机明白
车站助理值班员（车站值班员）向司机转交区间救援、封锁线路（区间）开行路用列车调度命令后，车站助理值班员（车站值班员）与司机进行联控核对，列车司机逐句进行复诵			

学习笔记

(3) 分段排列发车进路。

①车机联控标准用语（发车进路信号开放，前方进路或出站信号关闭）见表7－25。

表7－25 车机联控标准用语（发车进路信号开放，前方进路或出站信号关闭）

呼叫时机	联控用语		
	作业人	车站值班员（助理值班员）	列车司机
发车进路信号开放后，前方进路或出站信号关闭	呼叫人	××（次）司机×道发车进路信号好了，前方出站（×进路）信号机关闭	
	被呼叫人		××（次）×道发车进路信号好了，前方出站（×进路）信号机关闭，司机明白

②车机联控标准用语（发车进路信号开放，前方进路或出站信号开放）见表7－26。

表7－26 车机联控标准用语（发车进路信号开放，前方进路或出站信号开放）

呼叫时机	联控用语		
	作业人	车站值班员（助理值班员）	列车司机
当前进路信号及后续进路、出站信号均开放后	呼叫人	××（次）司机出站信号好了［×进路信号好了，前方出站（×进路）信号好了］	
	被呼叫人		××（次）出站信号好了［×进路信号好了，前方出站（×进路）信号好了］，司机明白

学习笔记

（4）途中运行。

①车机联控标准用语（风压异常）见表7－27。

表7－27 车机联控标准用语（风压异常）

呼叫时机	联控用语		
	作业人	车辆乘务员	列车司机
当列车尾部风压异常	呼叫人	××（次）尾部风压××千帕	
	被呼叫人		××（次）尾部风压××千帕，司机明白

②车机联控标准用语（封闭网有闲杂人员）见表7－28。

表7－28 车机联控标准用语（封闭网有闲杂人员）

呼叫时机	联控用语		
	作业人	列车司机	车站值班员
在设封闭网或全封闭区段，列车司机在运行中发现站内、区间封闭网内有闲杂人员时	呼叫人	××站，××（次）司机报告，××站（区间）××公里××米处封闭网内有闲杂人员×名	
	被呼叫人		××站（区间）××公里××米处封闭网内有闲杂人员×名，××站值班员明白
车站值班员接到列车司机报告后，两端站车站值班员应立即通告进入该区间的列车司机，并立即通知相关部门、单位处理。调度集中区段，列车调度员接到列车司机报告后，应立即通知车站值班员（车务应急值守人员），车站值班员（车务应急值守人员）通知相关部门、单位处理			

③车机联控标准用语［列车脱轨可能妨碍邻线（司机呼叫）］见表7－29。

表7－29 车机联控标准用语［列车脱轨可能妨碍邻线（司机呼叫）］见表7－29。

呼叫时机	联控用语		
	作业人	列车司机	车站、列车司机
列车脱轨可能妨碍邻线，司机呼叫车站、邻线列车、追踪列车	呼叫人	××（次）在××站至××站间××公里（处）侵限，××站、××站注意，上（下）行及追踪列车，立即停车（反复呼叫）	
	被呼叫人		××（次）在××站至××站间××公里（处）侵限，××车站（××次司机）明白

④车机联控标准用语［列车脱轨可能妨碍邻线（车站呼叫）］见表7－30。

表7－30　车机联控标准用语［列车脱轨可能妨碍邻线（车站呼叫）］

呼叫时机	联控用语		
	作业人	车站值班员	列车司机
列车脱轨可能妨碍邻线，车站呼叫邻线及追踪列车	呼叫人	××（次）列车立即停车，××（次）在××公里（处）侵限	
	被呼叫人		××（次）立即停车，司机明白

⑤车机联控标准用语［区间被迫停车（呼叫车站、列车调度员）］见表7－31。

表7－31　车机联控标准用语［区间被迫停车（呼叫车站、列车调度员）］

呼叫时机	联控用语		
	作业人	列车司机	车站值班员（列车调度员）
列车区间被迫停车，司机呼叫两端车站（列车调度员）	呼叫人	××（站）××（次）在××公里（处）××米（停车原因）被迫停车	
	被呼叫人		××（次）在××公里（处）××米被迫停车，××（站）明白

⑥车机联控标准用语［区间被迫停车（呼叫追踪列车）］见表7－32。

表7－32　车机联控标准用语［区间被迫停车（呼叫追踪列车）］

呼叫时机	联控用语		
	作业人	列车司机	追踪列车司机
列车区间被迫停车，司机呼叫追踪列车	呼叫人	××（次）在××公里（处）被迫停车，追踪列车注意运行	
	被呼叫人		××（次）在××公里（处）被迫停车，××（次）追踪列车司机明白

⑦车机联控标准用语［区间被迫停车（车站呼叫追踪列车）］见表7－33。

表7－33 车机联控标准用语［区间被迫停车（车站呼叫追踪列车）］

<table>
<tr><th rowspan="2">呼叫时机</th><th colspan="3">联控用语</th></tr>
<tr><th>作业人</th><th>车站值班员（列车调度员）</th><th>追踪列车司机</th></tr>
<tr><td rowspan="2">车站（列车调度员）接到列车区间被迫停车的通知后</td><td>呼叫人</td><td>××（次）在××公里（处）被迫停车，××（次）列车注意运行</td><td></td></tr>
<tr><td>被呼叫人</td><td></td><td>××（次）在××公里（处）被迫停车，注意运行，××（次）司机明白</td></tr>
</table>

学习笔记

（5）车站主动呼叫。

①车机联控标准用语（列车临时机外停车）见表7-34。

表7-34　车机联控标准用语（列车临时机外停车）

呼叫时机	联控用语		
	作业人	车站值班员（列车调度员）	列车司机
遇列车临时在进站信号机外停车时，车站值班员在列车接近前	呼叫人	××（次）××（站）机外停车	
	被呼叫人		××（次）××（站）机外停车，司机明白

②车机联控标准用语（通过列车变为站内停车时）见表7-35。

表7-35　车机联控标准用语（通过列车变为站内停车时）

呼叫时机	联控用语		
	作业人	车站值班员	列车司机
遇通过列车（主要指旅客列车）变为站内停车时，车站值班员在列车接近前	呼叫人	××（次）××（站）×道停车	
	被呼叫人		××（次）×道停车，司机明白

③车机联控标准用语（直进侧出）见表7-36。

表7-36　车机联控标准用语（直进侧出）

呼叫时机	联控用语		
	作业人	车站值班员	列车司机
列车直进侧出（固定经路除外）	呼叫人	××（次）××（站）×道通过，直进侧出，限速××公里	
	被呼叫人		××（次）×道通过，直进侧出，限速××公里，司机明白

（6）站内或区间限速。

①车机联控标准用语（已发布运行揭示调度命令）见表7-37。

表7-37 车机联控标准用语（已发布运行揭示调度命令）

<table>
<tr><td rowspan="2">呼叫时机</td><td colspan="3">联控用语</td></tr>
<tr><td>作业人</td><td>车站值班员
（列车调度员）</td><td>列车司机</td></tr>
<tr><td rowspan="2">列车进入限速站（站内为本站，区间为限速地段的前方站），在列车接近（停车开车）前联控</td><td>呼叫人</td><td>××（次）××站（场）×道通过，站内限速××公里（区间××公里××米限速××公里）</td><td></td></tr>
<tr><td>被呼叫人</td><td></td><td>××（次）×道通过，站内限速××公里（区间××公里××米限速××公里），司机明白</td></tr>
<tr><td colspan="4">（1）区间××公里××米是指列车运行方向限速起始点。
（2）站内、区间均有限速，呼叫人联控用语为：××（次）××站×道通过，站内限速××公里，区间××公里××米限速××公里。被呼叫人联控用语为：××（次）×道通过，站内限速××公里，区间××公里××米限速××公里，司机明白。
（3）站内、区间（多处分段含不同限速）均有限速，呼叫人联控用语为：××（次）××站×道通过，站内限速××公里，区间××公里××米限速××公里、××公里××米限速××公里、……。被呼叫人联控用语为：××（次）×道通过，站内限速××公里，区间××公里××米限速××公里、××公里××米限速××公里、……，司机明白。
（4）站内或区间线路限速高于货物列车（不包括重点、军用列车和行包专列）最高运行限制速度（80 km/h）时，车站值班员可不与货物列车司机执行站内或区间限速联控用语</td></tr>
</table>

②未发布运行揭示调度命令。

a. 车机联控标准用语（仅站内限速或站内及后续区间一并限速）见表7-38。

表7-38 车机联控标准用语（仅站内限速或站内及后续区间一并限速）

<table>
<tr><td rowspan="2">呼叫时机</td><td colspan="3">联控用语</td></tr>
<tr><td>作业人</td><td>车站值班员
（列车调度员）</td><td>列车司机</td></tr>
<tr><td rowspan="2">列车在关系站发车或通过前核对限速调度命令（关系站：按列车运行方向，进入限速站前最后一个经过的车站）</td><td>呼叫人</td><td>××（次）司机，核对调度命令××号，××站内××公里××米至（区间）××公里××米限速××公里</td><td></td></tr>
<tr><td>被呼叫人</td><td></td><td>调度命令××号，××站内××公里××米至（区间）××公里××米限速××公里，命令核对正确</td></tr>
<tr><td colspan="4">核对不一致（包括司机未收到调度命令）时，应使列车在关系站内停车或暂不发车，将情况向列车调度员汇报</td></tr>
</table>

b. 车机联控标准用语（仅区间限速）见表7－39。

表7－39　车机联控标准用语（仅区间限速）

呼叫时机	联控用语		
	作业人	车站值班员（列车调度员）	列车司机
列车在关系站发车或通过前核对限速调度命令（关系站：按列车运行方向，进入限速区间前最后一个经过的车站）	呼叫人	××（次）司机，核对调度命令××号，区间××公里××米至××公里××米限速××公里	
	被呼叫人		调度命令××号，区间××公里××米至××公里××米限速××公里。命令核对正确
核对不一致（包括司机未收到调度命令）时，应使列车在关系站内停车或暂不发车，将情况向列车调度员汇报			

c. 车机联控标准用语（一站两区间限速）见表7－40。

表7－40　车机联控标准用语（一站两区间限速）

呼叫时机	联控用语		
	作业人	车站值班员（列车调度员）	列车司机
列车在关系站发车或通过前核对限速调度命令（关系站：按列车运行方向，进入限速区间前最后一个经过的车站）	呼叫人	××（次）司机，核对调度命令××号，前方××公里××米至××公里××米，限速××公里	
	被呼叫人		调度命令××号，前方××公里××米至××公里××米，限速××公里，命令核对正确
核对不一致（包括司机未收到调度命令）时，应使列车在关系站内停车或暂不发车，将情况向列车调度员汇报			

学习笔记

(7) 线路运行状态联控。

①车机联控标准用语［防洪地点联控（守机联控)］见表7－41。

表7－41 车机联控标准用语［防洪地点联控（守机联控)］

呼叫时机	联控用语		
	作业人	列车司机	看守人员
列车运行至Ⅰ级防洪地点呼叫标前	呼叫人	××号看守点，××（次）接近	
	被呼叫人		××（次）××号看守点正常通过（停车）
	复诵人	××（次）正常通过（停车)，司机明白	
车机联控不作为行车凭证，遇司机呼叫3次以上无应答，司机应立即采取停车措施			

②车机联控标准用语（线路发生险情）见表7－42。

表7－42 车机联控标准用语（线路发生险情)

呼叫时机	联控用语		
	作业人	巡守人员	列车司机
线路发生险情时	呼叫人	××线××公里（处）线路发生险情，上（下）行线接近列车立即停车（如知道车次时呼叫××次）	
	被呼叫人		××线××公里线路发生险情，××（次）立即停车，司机明白
若上下行都发生险情，上（下）行应为“上、下行”			

③车机联控标准用语（汛期雨量达到规定警戒值后车站呼叫司机）见表7－43。

表7－43 车机联控标准用语（汛期雨量达到规定警戒值后车站呼叫司机)

呼叫时机	联控用语		
	作业人	车站值班员	列车司机
车站接到工务人员雨量达到警戒值的通知或行车室雨量计报警时	呼叫人	××（次）司机，××（站）至××（站）间雨量达到出巡（限速、封锁）值警戒状态	
	被呼叫人		××（站）至××（站）间雨量达到出巡（限速、封锁）值警戒状态，××（次）司机明白
车站根据两端站雨量值变化分别呼叫，警戒等级发生变化后首列应告知司机增加“首列运行”；可与接车、发车等合并执行，如正常接车通过时为：“××次司机，××（站）×道通过，××（站）至××（站）间雨量达到出巡（限速）值警戒状态（××公里××米至××公里××米限速××公里)，请注意运行”			

④车机联控标准用语（列车通过严重晃车地段）见表7-44。

表7-44　车机联控标准用语（列车通过严重晃车地段）

呼叫时机	联控用语		
	作业人	列车司机	车站值班员（列车调度员）
列车通过严重晃车地段，（司机呼叫两端车站，调度集中区段列车调度员）	呼叫人	××（站）××（次）司机呼叫，××公里××米处严重晃车	
	被呼叫人		××公里××米处严重晃车，××（站）明白
车站值班员接到列车司机报告后，应立即通知相关部门处理			

⑤车机联控标准用语（车站呼叫将通过严重晃车地段的列车）见表7-45。

表7-45　车机联控标准用语（车站呼叫将通过严重晃车地段的列车）

呼叫时机	联控用语		
	作业人	车站值班员（列车调度员）	列车司机
车站接到严重晃车信息后	呼叫人	××（次）××公里××米处严重晃车，注意运行	
	被呼叫人		××公里××米处严重晃车，注意运行，××（次）司机明白

学习笔记

（8）道口。

①车机联控标准用语（道口正常联控）见表7－46。

表7－46 车机联控标准用语（道口正常联控）

<table>
<tr><td rowspan="2">呼叫时机</td><td colspan="3">联控用语</td></tr>
<tr><td>作业人</td><td>列车司机</td><td>道口工</td></tr>
<tr><td rowspan="3">当列车运行至联控道口呼叫标处</td><td>呼叫人</td><td>××号道口，××（次）接近</td><td></td></tr>
<tr><td>被呼叫人</td><td></td><td>××（次）列车，××号道口正常</td></tr>
<tr><td>复诵人</td><td>××号道口正常，××（次）司机明白</td><td></td></tr>
<tr><td colspan="4">当司机呼叫三次道口工无应答时，应立即减速运行（普速列车不超20 km/h、高速列车不超40 km/h），加强瞭望并随时准备停车，确认道口正常后恢复常速</td></tr>
</table>

②车机联控标准用语（道口发生险情）见表7－47。

表7－47 车机联控标准用语（道口发生险情）

<table>
<tr><td rowspan="2">呼叫时机</td><td colspan="3">联控用语</td></tr>
<tr><td>作业人</td><td>道口工</td><td>列车司机</td></tr>
<tr><td rowspan="2">联控或监听道口发生险情</td><td>呼叫人</td><td>××号（公里）道口发生险情，上（下）行接近列车立即停车（如知道车次时呼叫××次）</td><td></td></tr>
<tr><td>被呼叫人</td><td></td><td>××（次）列车立即停车，司机明白</td></tr>
<tr><td colspan="4">若道口上下行都发生险情，上（下）行应为“上、下行”</td></tr>
</table>

学习笔记

(9) 列尾作业。

①车机联控标准用语（货物列车使用列尾装置）见表7－48。

表7－48　车机联控标准用语（货物列车使用列尾装置）

呼叫时机	联控用语		
	作业人	车站列尾作业员（助理值班员）	列车司机
货物列车使用列尾装置时，本务机车与待发车列联挂好后，车站列尾作业员（无列尾作业员为助理值班员）确认各项工作完毕后	呼叫人	×道××（次）司机确认列尾装置（如两个及以上车场×道前加×场），主机号××	
	被呼叫人		×场×道××（次）司机明白（并确认“一对一”关系）

②旅客列车使用列尾装置。

a. 车机联控标准用语（客列尾故障时核对风压）见表7－49。

表7－49　车机联控标准用语（客列尾故障时核对风压）

呼叫时机	联控用语		
	作业人	列车司机	车辆乘务员
旅客列车在始发站出发前，必须按规定对列车制动机进行机能试验，客列尾故障时，司机应呼叫车辆乘务员核对风压。 客列尾故障时，旅客列车在停车站进站前，司机应呼叫车辆乘务员核对风压。 列尾装置故障的旅客列车在开车前、出站后、变坡点试闸、区间停车开车前、开车后及司机认为有必要时	呼叫人	××（次）车辆乘务员，核对尾部风压	
	被呼叫人		××（次）尾部风压××千帕
	复诵人	××（次）尾部风压××千帕，司机明白	

b. 车机联控标准用语（客列尾故障时贯通试验）见表7－50。

表7－50　车机联控标准用语（客列尾故障时贯通试验）

呼叫时机	联控用语		
	作业人	列车司机	车辆乘务员
旅客列车在停车站出站后，司机要选择合理时机减压50千帕施行列车制动主管的贯通试验，并通过客列尾确认列车尾部风压。客列尾故障时，贯通试验由司机与车辆乘务员共同负责	呼叫人	××（次）车辆乘务员，贯通试验	
	被呼叫人		××（次）车辆乘务员明白。在司机减压制动后，车辆乘务员：××（次）尾部风压××千帕
	复诵人	××（次）尾部风压××千帕，司机明白	

c. 车机联控标准用语（旅客列车始发前或更换机车时司机查询列车尾部风压不正常）见表7－51。

表7－51 车机联控标准用语（旅客列车始发前或更换机车时司机查询列车尾部风压不正常）

呼叫时机	联控用语		
	作业人	列车司机	车辆乘务员
司机查询列车尾部风压不正常时，要主动呼叫车辆乘务员确认	呼叫人	××（次）车辆乘务员，××号列尾连接完毕，确认机车号	
	被呼叫人		××号列尾，机车号××
	复诵人	××次司机明白	

d. 车机联控标准用语（旅客列车解除与客列尾主机的通信连接）见表7－52。

表7－52 车机联控标准用语（旅客列车解除与客列尾主机的通信连接）

呼叫时机	联控用语		
	作业人	列车司机	车辆乘务员
旅客列车终到或中途换挂机车摘车时，司机应在列车停妥后立即解除与客列尾主机的通信连接。 解除与客列尾主机连接后，司机应主动联系车辆乘务员进行确认	呼叫人	××次车辆乘务员，列尾已经解除，请确认	
	被呼叫人		××次司机，列尾已经解除（车辆乘务员在检查确认客列尾主机不再显示机车号时）

学习笔记

（10）线路右侧信号机关闭。

车机联控标准用语［遇设在线路右侧的（进路、出站）信号机关闭］见表7-53。

表7-53　车机联控标准用语［遇设在线路右侧的（进路、出站）信号机关闭］

呼叫时机	联控用语		
	作业人	车站值班员	列车司机
接发列车进路上遇设在线路右侧的（进路、出站）信号机关闭时，在执行车机联控用语的同时，提示司机	呼叫人	前方右侧××（进路、出站）信号机关闭，注意停车	
	被呼叫人		前方右侧××（进路、出站）信号机关闭，注意停车，司机明白

（11）旅客列车发生热轴。

①车机联控标准用语（旅客列车因热轴需限速运行）见表7-54。

表7-54　车机联控标准用语（旅客列车因热轴需限速运行）

呼叫时机	联控用语		
	作业人	车辆乘务员	列车司机
旅客列车因热轴需限速运行	呼叫人	××（次）司机，我是本列车车辆乘务员，机后××车辆发生热轴，请限速××公里运行至前方站停车	
	被呼叫人		××次车辆乘务员，我是本务司机，机后××车辆发生热轴，列车限速××公里运行至前方站停车，司机明白

②车机联控标准用语（旅客列车因热轴需立即停车）见表7-55。

表7-55　车机联控标准用语（旅客列车因热轴需立即停车）

呼叫时机	联控用语		
	作业人	车辆乘务员	列车司机
旅客列车因热轴需立即停车	呼叫人	××次司机，我是本列车车辆乘务员，机后××车辆发生热轴，请立即常用制动停车	
	被呼叫人		××次车辆乘务员，我是本务司机，机后××车辆发生热轴，立即常用制动停车，司机明白

四、货车本线乘务员开车

（一）待乘作业步骤

叙述待乘作业标准：按时入寓，充分休息，不得饮酒，手机关闭并上交。

（二）出勤作业步骤

（1）叙述出勤作业标准。
（2）叙述防脱线风险点防范措施。
出勤验卡条数清，监控输入确认准；临时限速要严控，限速不清取最低。
检查走行要仔细，发现隐患不动车；运行发现有异常，立即停车不盲行。
（3）出勤作业开始。

（三）接车作业步骤

（1）叙述接车作业标准。
（2）叙述人身风险点防范措施。
库内动车防刮碰，横越线路看来车，线路作业防伤害，等会看车要避让，网下作业防感电。
（3）接车作业开始。

（四）出库挂车作业步骤

（1）叙述出库挂车作业标准。
（2）叙述防放飏风险点防范措施。
列尾执行八必查，试闸异常不动车；关键地段早使闸，使闸异常立即停。
（3）出库挂车开始。

（五）列车运行作业步骤

（1）叙述列车运行作业标准。
（2）叙述防冒进、防冲突风险点防范措施。
确认版本，听清进路，正确输入，距离准确，凭证无误，合理使闸。监控故障，停车汇报，停车必喊，有车不进，单机区停，前移短接，区间救援，做到三清。调车作业，严守速度，盯住信号，逐个确认。
（3）列车运行开始。

（六）入库退勤作业步骤

（1）叙述入库退勤作业标准。
（2）叙述防溜逸、防火灾风险点防范措施。
风满制动撤防溜，确认制动再换端，重联制动再摘解，摘车先防后提钩；停车必保压，摘解减最大，单缓再前移；离车拧手闸，库停双止轮。漏、泄、松、虚处理好，甩保护时勤盯住；非端电器严禁开，灭火装置要良好，发生火险及时救。
（3）入库作业开始。

实训设备

HXD_3型电力机车仿真操纵台、机车调度室、IC 卡、手电筒、信号旗、司机手册、运行揭示、施工明示图等。

实训操作安全注意事项

1. 运行模拟仿真软件时，要耐心等待，爱护实训设备，禁止野蛮操作。
2. 遇到特殊情况及时与实训指导教师沟通。

实训步骤

第一步　待乘保休

叙述待乘保休规定。

第二步　出勤作业

模拟出勤作业过程。

第三步　接车

执行作业标准，模拟完成接车作业。

第四步　出段挂车

操纵机车出段，完成连挂作业。

第五步　发车及列车运行

办理发车手续，起动列车。安全操纵列车，控制列车运行速度，正确使用制动机调速、停车，遇非正常情况果断采取正确应对措施。

第六步　终到、入库及退勤

列车终到，摘解机车。办理出库手续，交接机车，办理退勤手续。

考核标准

任务单

任务编号	7－1	任务名称	一次乘务作业
序号	检查内容	是	否
一次乘务作业			
1	口述机车乘务员休息时间的规定		
2	酒精测试、核验指纹		
3	出示规定证件		
4	领取资料		
5	正确验卡		
6	核对揭示		
7	开好出勤小组会，根据具体情况制订安全措施		
8	办理机车交接手续，领取工具备品		
9	输入揭示		
10	检查机车		
11	进行制动机试验		
12	确认出段条件		
13	一度停车，了解挂车经路		
14	连挂前确认防护信号及脱轨器状态		
15	准确、平稳连挂		
16	换端操作		
17	复检机车		
18	输入监控数据		
19	进行列车制动试验		
20	联控出发进路		
21	确认机车信号		
22	确认地面信号、发车信号		
23	起动列车		
24	后部瞭望		
25	对标开车		
26	司机记点		
27	区间贯通试验		
28	区间通过信号		
29	站车机联控。特定引导手信号接车，出站绿证发车		
30	进站信号、特定引导手信号确认		

续表

任务编号	7-1	任务名称	一次乘务作业	
序号	检查内容		是	否
31	正确特定引导接车			
32	确认出站信号			
33	正确操纵绿证发车			
34	区间通过信号			
35	遮断信号			
36	巡检操作			
37	确认进站信号			
38	车机联控			
39	控制速度进站内侧线停车			
40	做好摘解前准备工作			
41	学习司机进行摘解操作、注意操作顺序			
42	显示调车信号			
43	司机正确确认信号、操纵机车			
44	车机联控、准备出段			
45	调整监控器控制模式			
46	一度停车签点			
47	进入库内整备线			
48	办理交接手续			
49	对机车采取防溜措施			
50	交接工具、备品			
51	正确书写报单			
52	上交 IC 卡、司机报单、手账退勤			

考核评价表

<table>
<tr><td>任务编号</td><td colspan="2">7-1</td><td>任务名称</td><td colspan="2">一次乘务作业</td></tr>
<tr><td>班级</td><td></td><td>任务小组</td><td></td><td>任务执行人</td><td></td><td>学号</td><td></td></tr>
<tr><td>序号</td><td colspan="2">评价内容</td><td>标准分值</td><td>自我评分</td><td>组内评分</td></tr>
<tr><td>1</td><td colspan="2">是否积极参与实训任务讨论，是否正确领会任务要求</td><td>5</td><td></td><td></td></tr>
<tr><td>2</td><td colspan="2">是否积极参与实训预备知识的学习和讨论，是否完全掌握学习内容</td><td>5</td><td></td><td></td></tr>
<tr><td>3</td><td colspan="2">是否积极参与实训计划制订，是否提出建设性意见</td><td>5</td><td></td><td></td></tr>
<tr><td>4</td><td colspan="2">是否制订了可行的实训任务方案</td><td>5</td><td></td><td></td></tr>
<tr><td>5</td><td colspan="2">是否认真履行个人角色，是否积极参与实训任务演练</td><td>5</td><td></td><td></td></tr>
<tr><td>6</td><td colspan="2">是否有效使用实训任务单保证任务顺利进行</td><td>5</td><td></td><td></td></tr>
<tr><td rowspan="2">序号</td><td colspan="2" rowspan="2">评价内容
（任务展示、评价阶段）</td><td>标准分值</td><td>组间评分</td><td>教师评分</td></tr>
<tr><td>70</td><td></td><td></td></tr>
<tr><td>1</td><td>一次乘务作业程序</td><td>共52条程序（参看任务单），前12条每条1分，后40条每条1.45分。操作错误、顺序颠倒、呼喊漏项为程序错误，视情节扣分</td><td>70</td><td></td><td></td></tr>
<tr><td>2</td><td>作业时间</td><td>标准时间20 min。标准时间以内不扣分；每超过标准时间1 min扣1分；超标准时间5 min以上，每超1 min扣2分；超标准时间10 min以上，判为任务失败</td><td>无基础分值</td><td></td><td></td></tr>
<tr><td>3</td><td>作业安全</td><td>出现危险操作，判为任务操作失败</td><td>无基础分值</td><td></td><td></td></tr>
<tr><td colspan="3">总评分值</td><td colspan="3"></td></tr>
</table>

实训任务八

非正常行车

实训任务简介

机车乘务员在普速铁路担当列车牵引任务遇非正常情况行车时，应熟练掌握行车办法，及时处理运行中发生的问题，确保列车安全正点。本实训任务按步骤、顺序详细列出遇到非正常情况时，机车乘务员应执行的规章制度及应遵循的作业程序。本实训任务融规章制度和现场作业的实际情况为一体，以机车乘务员必须熟练掌握的规章制度为标准，以必须熟练掌握的各个关键环节为重点，从注意事项、机车操纵、监控装置操作等方面较全面地阐述了非正常情况下的作业过程，以帮助、指导机车乘务员现场作业。

机车乘务员应熟练掌握非正常情况行车应急处置程序。

实训目的

- 能解决机车乘务员乘务作业过程中出现的非正常行车问题。
- 能保证机车乘务员作业中的人身安全、行车安全。
- 培养遵章守纪的意识和运用知识的能力。

实训任务

1. 完成列车在区间被迫停车时的处置。
2. 完成单机（包括双机、专列回送机车）在自闭区间停车时的处置。
3. 完成列车反方向运行时的处置。
4. 完成运行中机车故障时的处置。
5. 完成运行中行车安全装备故障时的处置。
6. 完成运行中线路故障时的处置。
7. 完成运行中弓网故障时的处置。
8. 掌握停止基本闭塞法改按电话闭塞法行车时使用路票行车的方法。
9. 掌握电话中断情况下行车时使用红色许可证行车的方法。
10. 完成地面信号突变时的处置。
11. 完成运行中列车起非常时的处置。
12. 完成运行中车辆故障时的处置。
13. 完成恶劣天气下信号显示距离不足时的处置。
14. 完成运行中遇暴雨天气时的处置。
15. 完成列车发生火灾时的处置。
16. 完成列车制动力弱、折角塞门关闭等异常情况时的处置。
17. 完成运行中撞异物危及行车安全时的处置。
18. 完成发生道口相撞事故时的处置。
19. 完成旅客列车双管供风改单管供风运行时的处置。
20. 完成双管供风旅客列车漏风时的处置。
21. 完成机车6A车载走行部检测装置信息报警时的处置。

实训预备知识

一、列车在区间被迫停车

（一）区间被迫停车后的信息汇报

列车在区间被迫停车后，司机应立即使用列车无线调度通信设备（机车综合无线通信设备）及其他一切可利用的通信工具通知两端站（列车调度员）及车辆乘务员，准确报告本列停车时间、原因及停车位置，并对列车实施最大有效减压量防溜，使列车保持制动状态，将停车公里标（自闭区间列车越过的最后一架通过信号机号码）记录于《司机手册》，若因机车空转、滑行等原因造成监控装置距离误差较大或因监控装置黑屏、关机等造成无法显示公里标位置时，应根据地面实际公里标确定列车停车位置。停车原因判明后，司机应再次向车站汇报停车原因，根据需要迅速请求救援。机车故障时第二次汇报时间不得超过10 min；其他情况停车时第二次汇报时间不得超过20 min。

（二）区间被迫停车不能继续运行时的防护

（1）列车被迫停车不能继续运行，需要防护时，列车前方由司机负责，旅客列车后方由车辆乘务员（无车辆乘务员为列车乘务员）负责，货物列车后方由副司机（随乘司机）负责。配备列车防护报警装置的列车应首先使用列车防护报警装置进行防护。单班单司机防护执行《行车组织规则》第129条规定。

（2）区间被迫停车可能妨碍邻线时，司机应立即使用列车无线调度通信设备（机车综合无线通信设备）通知邻线上运行的列车和两端站（列车调度员），旅客列车由车辆乘务员、货物列车由副司机（随乘司机）负责在列车尾部附近邻线上点燃火炬；配备列车防护报警装置的列车应首先使用列车防护报警装置进行防护；在自动闭塞区间，还应使用短接线对邻线来车方向短路轨道电路，未检查确认不得撤除短接线。司机应亲自或指派人员沿邻线一侧对列车进行检查（禁止在线路上行走或侵限），发现妨碍邻线时，应立即从两方面按线路最大速度等级规定的列车紧急制动距离位置处（《铁路技术管理规程》第263条第27表规定）防护，如确知列车开来方向时，仅对来车方面防护。如发现邻线上有列车开来时，应急速鸣示紧急停车信号（连续短声）。

（3）已请求救援的列车，司机不得再行移动，应从救援列车开来方向（不明时，从列车前后两方面）距离列车不少于300 m处设置响墩防护（防护人员应携带信号旗、灯）。防护端距离进站信号机（或站界标）不足规定距离时，应在进站信号机（站界标）相对应处设置防护。

（4）向封锁区间发出救援列车时，以列车调度员（当列车调度电话不通时，以车站值班员）的命令，作为进入封锁区间的许可，司机接到进入封锁区间救援的调度命令时，必须认真确认调度命令内容：命令号、受令处所、日期、时间、调度员姓名、救援车次、救援地点、返回车次（需返回时），确认行车专用站名印（CTC 区段利用 CIR 设备传输的调度命令，不加盖站名印），与车站值班员（列车调度员）核对被救援列车停留公里标（确认是从列车前部救援还是从列车尾部救援），并计算距被救援列车 2 km 的位置。命令不清、停车位置不明确时不准动车。

救援距离的计算方法如下。

①向公里递增方向开出且从列车头部救援：被救援列车停留位置 - 2 000 m（遇救援机车经过线路短链时，被救援列车停留位置 - 2 000 m - 短链米数）

②向公里递增方向开出且从列车尾部救援：被救援列车停留位置 - 2 000 m - 列车长度米数（遇救援机车经过线路短链时，被救援列车停留位置 - 2 000 m - 短链米数 - 列车长度米数）

③向公里递减方向开出且从列车头部救援：被救援列车停留位置 + 2 000 m（遇救援机车经过线路短链时，被救援列车停留位置 + 2 000 m + 短链米数）

④向公里递减方向开出且从列车尾部救援：被救援列车停留位置 + 2 000 m + 列车长度米数（遇救援机车经过线路短链时，被救援列车停留位置 + 2 000 m + 短链米数 + 列车长度米数）

各机务段要将本段运行区段内长短链变化地点和长短链距离汇总后，下发运用车间和段应急值守台。

（5）司机接到担当救援任务时，在站内摘开机车前要对列车实施最大有效减压，使列车保持制动状态，并解除本列列尾装置“一对一”关系，车站值班员做好本列（单机除外）车列防溜。

（6）进入区间救援时的处置。

①自动闭塞区段正方向进入区间救援时的操作。

LKJ 按规定输入救援车次、车站号，并检查司机号、副司机号、区段号、车站号、速度等级等参数，确认行车凭证正确后降级开车，在正线出站信号机处按压〔开车〕键对标，使 LKJ 进入正常监控状态，运行中严格按通过信号机的显示要求行车。在接近被救援列车（车列）2 km 时，严格控制速度（不超过 20 km/h），同时要使用列车无线调度通信设备（机车综合无线通信设备）与请求救援的机车司机取得联系，再次确认被救援列车停留位置。在区间显示红灯的通过信号机前停车，操作 LKJ 进入调车模式继续运行，在防护人员处或距离被救援车列 300 m 处压上响墩后停车，与防护人员联系后开车，并按十、五、三车距离控速。距被救援列车 10 m 前一度停车，以不超过 5 km/h 速度连挂，连挂好后试拉，与被救援列车司机进行联系，按规定进行制动机试验（长大坡道时，确认尾部风压同步上升），确认列车管贯通、列车完整后撤除防溜。

②自动闭塞区段反方向、半自动闭塞、自动站间闭塞区段进入区间救援时的操作。

LKJ 按规定输入救援车次、车站号，并检查司机号、副司机号、区段号、车站号、速度等级等参数，确认行车凭证正确后降级开车，对准规定对标的出站信号机按压〔开车〕键后，运行至反方向进站信号机处停车，按压〔调车〕键进入调车状态运行。救援机车进入封锁区间后，使用列车无线调度通信设备（机车综合无线通信设备）与请求救援的列车司机取得联系。距被救援列车停车位置 2 km 前，速度控制在 35 ~ 38 km/h 间（推进运行时按 30 km/h 的限速控速）；距被救援列车停车位置 2 km 后，速度控制在 16 ~ 20 km/h 间；在防护人员处或距离被救援车列 300 m 处压上响墩后停车，与防护人员联系后开车，并按十、五、三车距离控速。距被救援列车 10 m 前一度停车，以不超过 5 km/h 速度连挂，连挂好后试拉，与被救援列车司机进行联系，按规定进行制动机试验（长大坡道时，确认尾部风压同步上升），确认列车管贯通、列车完整后撤除防溜。

（7）救援返回时的处置。

自闭区间正方向返回：救援机车连挂完毕后，被救援机车 LKJ 进入补机模式。输入救援列车返回车次、车速等级，车站号修改为救援返回运行方向后方车站号，确认机车信号开关置于运行线别规定的方向，按压〔开车〕键后，再逐次按压〔车位〕+〔向前〕键，将车位调整至救援机车后部第一架通过信号机处。起动列车，当列车运行至前方通过信号机处，再次按压〔车位〕+〔向前〕键调整车位，认真执行车机联控，逐架确认信号及车位、信号机号码，严格按信号显示要求运行，进站前按规定输入股道号，按进站信号机的显示要求，操纵列车。

自闭区间反方向返回：救援机车连挂完毕后，被救援机车 LKJ 进入补机模式，救援机车输入返回车次、车速等级，并转入调车模式开车，运行至反方向进站信号机前，认真执行车机联控，必须确认进站信号机显示状态，按其显示要求操纵列车，允许进站停车时，及早使闸，严控速度。

（8）救援机车挂妥后，救援机车乘务员向被救援机车乘务员了解救援原因和有关运行安全的设备、装置处置情况，故障机车需进行无火设置时，按规定做好无火设置，旅客列车附挂有停放制动机车时还应按规定进行滚动试验，设置过程中应注意劳动安全。担当救援机车司机与被救援机车司机开好小组会，商定配合操纵、LKJ 使用、列尾确认等注意事项。

（9）列尾装置控制权的转换确认。救援机车从列车前部救援时，连挂后，被救援机车解除列尾装置“一对一”关系，救援机车重新建立列尾装置“一对一”关系。救援机车从列车尾部救援时，使用列车无线调度通信设备（机车综合无线通信设备）及其他可利用的通信设备与被救援司机进行联系，确认列车管贯通、首尾风压同步上升。

因受地形、地物影响，建立列尾装置“一对一”关系困难时，可不改变列尾装置的控制权，列尾装置的确认仍由被救援机车司机确认，但救援机车司机要与被救援机车司机加强联系，确认列车管贯通、首尾风压同步上升。

（10）救援过程中，双班单司机值乘时应恢复双司机值乘，开车前必须确认救援区段内的临时慢行限速，副司机（随乘司机）提醒司机严格控制运行速度，防止慢行超速。

（11）列车区间被迫停在起动困难地段或停车地点前方有电分相无法通过时，停车后做好防溜，并立即请求救援，防止盲目起动列车造成溜逸、断钩、打伤钢轨、掉入电分相等次生事故的发生。

（三）区间被迫停车处置后能继续运行

（1）开车前，司机必须使用列尾装置检查、试验列车制动主管的贯通状态，确认列车完整。如因线路纵断面原因无法进行贯通试验时，缓解列车后确认尾部风压同步上升即可开车。如使用列尾装置查询不到尾部风压或尾部风压不正常时，不得缓解列车制动，司机应指派副司机（双班单司机时为随乘司机）携带 GSM－R 手持终端或无线对讲设备，沿非邻线一侧到列车尾部检查确认列车完整后方可缓解列车制动开车，开车后再次查询列车尾部风压，查询不到时应向车站汇报，维持运行到前方站停车处理。

（2）单机挂车未安装列尾装置时，开车前司机应确认附挂辆数和制动主管贯通状态良好。

（3）区间开车后，司机应使用列车无线调度通信设备（机车综合无线通信设备）将开车时间及处理情况报告邻近车站值班员（列车调度员）。

（四）区间被迫停车需退行时

（1）下列情况下禁止退行：

《技规》第 372 条规定："（1）按自动闭塞法运行时（列车调度员或后方站车站值班员确认该列车至后方站间无列车，并准许时除外）；（2）在降雾、暴风雨雪及其他不良条件下，难以辨认信号时；（3）一切电话中断后发出的列车（持有附件 3 通知书 1 的列车除外）。"

《行车组织规则》第 136 条规定："（1）旅客列车停于长大坡道区间（但采用非自动闭塞法时，停在隧道内、桥梁上或其他危险地段，不及时退行将有严重后果时，准许列车司机将列车退至安全地点）；（2）列车尾部车辆自动制动机失去制动作用时，不得向下坡方向退行；（3）列车无线调度通信设备故障和简易紧急制动阀故障时。（4）列车尾部尚未越过发车站最外方预告标或接近信号机、预告信号机停车时（双线区间为邻线预告标或特设的预告标），在未得到车站值班员（列车调度员）的同意之前；（5）如后方站向该区间办理越出站界调车作业时，在调车作业结束前不得准许列车后退。"

（2）在不得已情况下，列车必须退行时，司机必须严格执行《技规》第 372 条的规定，车辆乘务员或随车机械师（无车辆乘务员或随车机械师时由指派的胜任人员）应站在列车尾部注视运行前方，发现危及行车或人身安全时，应立即使用紧急制动阀（紧急制动装置）或使用列车无线调度通信设备通知司机，使列车停车。

（3）退行前司机应将监控装置转入调车模式。列车在区间退行（含退行到站内）时，须听从领车人员的指挥，司机未得到后方站（线路所）车站值班员准许，不得退行到车站的最外方预告标或预告信号机（双线区间为邻线预告标或特设的预告标）的内方。车站接到列车退行的报告后，根据线路占用情况，可开放进站信号或按引导办法将列车接入站内。

(4) 列车退行速度不得超过 15 km/h。如遇列车制动主管风压指针摆动或列车制动主管风压急剧下降，司机应立即停车，与领车人员联系处理。

(5) 列车退行后再改变向前进方向运行时的处置。

①自动闭塞区间退行的列车，区间内退行一个或几个闭塞分区后，再改变向前进方向运行时，经列车调度员允许，仍可凭通过色灯信号机显示的要求运行，在通过信号机处注意校正车位。

②半自动闭塞区间和自动站间闭塞区间退行的列车，区间内退行到可以改变方向运行的地点后，再改变向前进方向运行时，经列车调度员允许，可改变方向运行。半自动闭塞区间、自动站间闭塞区间运行的列车，在预告信号机发码箱处注意校正车位。

（五）机车停在接触网分相无电区内的处置

(1) 电力机车被迫停在接触网分相无电区时，司机要立即降弓，并将停车原因、停车位置报告车站值班员（列车调度员），及时请求救援，列车调度员与供电调度员根据司机的报告和救援机车实际情况，确定处理方案。

(2) 具备采用换弓、退行闯分相等方式自救时，司机应准确报告停车位置，由列车调度员、供电调度员、机车调度员共同根据电力机车类型、停车位置、牵引供电设备状况等确定自救方案，组织自救。

机务段应急值守台应积极配合指挥、组织自救时，要符合导向安全的原则

二、单机（包括双机、专列回送机车）在自闭区间停车

(1) 单机（包括双机、专列回送机车）在自动闭塞区段区间紧急制动停车后不能立即恢复正常运行时，双班单司机值乘时必须恢复双司机值乘。

(2) 在自动闭塞区段区间紧急制动停车后，具备移动条件时司机须先将机车向前移动不少于 15 m（因特殊原因无法移动时除外），立即通知后续列车司机、向两端站车站值班员（列车调度员）报告停车位置，并使用轨道短接线在单机运行后方 20 m 处对本分区轨道电路进行可靠短路（避开调谐区），防护后再与车站值班员（列车调度员）联控确认轨道电路是否可靠短路，若轨道电路未可靠短路，机车乘务员应将钢轨轨面清洁后，重新短路轨道电路。

(3) 单机停于调谐区内时，司机必须立即将单机向前移出调谐区。无法移动时从单机后方调谐区外短路轨道电路进行防护。

(4) 安装轨道电路短接线时，必须将轨面上的油泥、沙粒等杂物清除干净，保证短接线与轨面可靠接触，轨道电路短接线不得短接在调谐区内。

(5) 自动闭塞区段追踪列车司机接到单机在区间停车的通知后，应根据前方闭塞分区

空闲情况及本列距前方停留单机的距离，加强瞭望，预防性采取减速或停车措施。发现前方停有机车、车列时，立即采取停车措施。

（6）单机在自闭区段紧急制动停于列车无线调度通信设备盲区时，应及时利用手机或区间通话柱向两端车站汇报。

三、列车反方向运行

（1）机车乘务员在接到反方向行车的调度命令后要认真核对，利用列车无线调度通信设备（机车综合无线通信设备）转发反方向行车的调度命令时，机车乘务员要在《司机手册》上做好记录。

（2）设有双线双向闭塞设备的双线双向自动闭塞区间反方向行车时，按自动站间闭塞法行车，列车进入区间的凭证为出站信号机显示的允许运行的信号，并确认发车进路表示器显示正确。

（3）双线双向闭塞设备故障及无双向闭塞设备需反方向运行时，应停止基本闭塞法，改用电话闭塞法行车，发给司机反方向行车的调度命令，列车进入区间的行车凭证为路票（路票上加盖“反方向行车”印章；两线、多线时，在路票上加盖“××线行车”印章）。

（4）反方向运行时，与车站执行车机联控，核对反方向运行揭示，铁路局集团有限公司（简称铁路局）管内双线区段反方向运行时监控装置对IC卡限速实施控制；铁路局管外反方向运行监控装置对IC卡临时限速不控制时，进入限速地点前，机车乘务员应加强瞭望，严格按照地面限速地点标标明的限速值控制列车速度，限速地点IC卡不控时司机需在进出慢行地段使用监控装置的〔定标〕键打点。

（5）电力机车牵引时，司机必须熟知《行车组织规则》第93条“双线不宜反方向运行区间”等相关规定及该区段反方向接触网绝缘分相的位置、长度、通过分相限制速度，做好预想、预防，防止掉入电分相。对规定不宜反方向运行的区间，若列车调度员安排反方向行车时，机车乘务员应及时向车站值班员（列车调度员）提出异议，同时报告段应急值守台协调处理。

（6）反方向行车的起始站操作。遇反方向行车时，在反方向起始站内停车，监控装置输入反方向行车的车站号，进入降级状态，确认行车凭证正确后，按该站股道最低限速控制速度开车对标，监控装置调出反向数据。

（7）反方向运行至前方站进站前，机车乘务员须认真确认进站信号机的显示，地面信号显示进行信号且机车信号接码时，正确输入股道号，以该站道岔最低限速控制列车进站；机车信号不接码时，按人工引导进站模式控制列车进站，监控装置按引导模式解锁操作。

（8）反方向运行结束站操作。在恢复正向运行的车站停车，司机在确认行车凭证正确后，输入该站正向行车的车站号，进入降级状态，按该站股道最低限速控制速度对标开车后，监控装置调出正向行车的监控数据。

四、运行中机车故障

（1）运行中发生机车故障，需处理时司机不得离岗，应将处理方法明确交代副（随乘）司机，并强调注意人身安全，副（随乘）司机与司机加强联系和配合，运行中进站、出站、慢行地段、非正常行车等需要机班两人共同值乘的情况下禁止处理故障。

（2）对不易处理的故障，在不影响列车运行安全的前提下，司机应提前联系，尽量维持运行到前方站停车处理，防止盲目进入区间导致后果扩大。确认无法维持运行时，司机应尽量避开电分相、隧道、桥梁和坡道起车困难地点，选择合适地点停车处理，并及时向车站汇报信息。

（3）运行中机车故障需停车处理时，处理、请求救援时间必须符合相关规定。机务段应急值守台得到机车故障请求救援的信息后，协助开展指导救援、防护处置等工作，详细了解站场股道占用、在途列车运行等情况，加强与列车调度员的协调配合，最大限度压缩救援时间，减小对运输生产秩序的影响。

（4）机车乘务员处理故障时要注意人身安全（特别在电气化区段）。在未判明故障原因时，严禁切除各种保护、监测装置功能。

五、运行中行车安全装备故障

（一）机车信号故障

（1）自动闭塞区段发现机车信号故障（机车信号与地面信号显示不一致、不接码）时，司机应立即停车，停车后使用列车无线调度通信设备（机车综合无线通信设备）报告车站值班员（列车调度员），确认前方闭塞区间空闲，经列车调度员准许后，继续运行至前方站停车处理或请求更换机车。自动闭塞区间，列车运行速度不超过 20 km/h。

运行中机车乘务员必须严格按地面信号机的显示运行；因电分相或线路纵断面等原因不能正常运行时，请求救援。

半自动闭塞区段，确认进站信号显示允许运行信号，并与车站执行车机联控后，按照引导模式操作 LKJ，控制列车速度不超过 20 km/h 进站。

（2）进站停车后，执行《行车组织规则》第 167 条规定，机车车载设备故障时，单机牵引情况下，请求救援；双机牵引情况下，重联、本务机车进行互换。

（二）监控装置故障

（1）运行中监控装置故障时，司机必须立即停车，并使用列车无线调度通信设备（机车综合无线通信设备）向车站值班员（列车调度员）报告。

（2）处理后若监控装置恢复正常，仍处于监控状态时，继续运行。

处理后若监控装置恢复正常，但已处于降级状态时，在半自动闭塞（自动站间闭塞）

区段，司机输入运行方向后方车站号，就地按压〔开车〕键开车，运行至前方站预告信号（自动站间闭塞为第一接近区段）发码箱处按〔车位〕+〔向前〕键调整车位；在自动闭塞区段，司机输入运行后方站车站代码，就地按压〔开车〕键，按压〔车位〕+〔向前〕键，调整车位至机车后一架通过信号机处起动列车，运行至前方通过信号机处再次按压〔车位〕+〔向前〕键调整车位。

（3）如遇速度传感器故障，LKJ 自动进行速度传感器切换；如遇速度传感器自动反复切换，则需要乘务员按照《监控装置操作使用手册》切换速度通道，正常后继续运行，前方信号机调整车位。

（4）重联（附挂）机车监控装置故障无法恢复正常时，司机应报告车站值班员或列车调度员，在得到准许关机维持运行的许可后，可随本列关机运行至有条件更换机车的车站。

（5）监控装置司机警惕功能故障时，如遇按钮故障，使用〔定标〕键代替。

（三）列尾装置故障、丢失及风压异常报警

（1）列车运行中列尾装置失去风压查询功能时，司机应立即使用列车无线调度通信设备（机车综合无线通信设备）报告车站值班员（列车调度员），列车调度员安排列车维持运行至前方站停车处理，经处理后恢复风压查询功能时，应正常运行；经处理仍未恢复风压查询功能时，列车调度员应向司机、车站发布列尾故障（丢失）的货物列车继续运行的调度命令。列车在运行途中恢复风压查询功能时，司机应及时向车站值班员（列车调度员）报告。

（2）运行途中遇所查询列车尾部风压与机车风压不一致或列尾装置发出列车制动主管风压不正常的报警时，应及时采取停车措施，并报告车站值班员（列车调度员）。货物列车在区间发生因列尾主机泄漏影响列车继续运行时，司机按规定汇报后，须关闭列车最后一辆尾部的折角塞门，维持运行到前方站停车。

（3）货物列车在区间停车再开，司机查询不到尾部风压时，司机应指派副司机（随乘司机）携带 GSM－R 手持终端或无线对讲设备（双线区段沿非邻线一侧）到列车尾部检查、确认列车完整，完全具备开车条件后方准开车。在车站时通知车站值班员（列车调度员），按其指示办理。

（4）列尾装置故障发令运行时，中间站（线路所）停车无论时间长短，开车前必须与车站人员（无人站为车站应急值守人员）共同进行列车制动机简略试验，得到车站人员（无人站为车站应急值守人员）可以发车的通知后直接发车。

（5）动车组以外的旅客列车列尾装置故障时，执行《行车组织规则》第 30 条规定，车辆乘务员、司机按规定进行处理，无法恢复时，司机应及时通知车辆乘务员按规定核对风压，维持运行，并报告车站值班员或列车调度员，列车调度员通知沿途车站。

（四）机车综合无线通信设备故障

（1）运行途中，司机不能使用机车综合无线通信设备进行通话时，应立即使用 GSM－R

手持终端或无线对讲设备报告车站值班员（列车调度员）；如 GSM－R 手持终端及无线对讲设备也不能进行通话，司机应在前方站停车报告。

（2）如列车停车站设有通信维护人员，车站值班员（列车调度员）接到报告后，通知通信部门前往修复。通信部门一时无法修复的，应提供 GSM－R 手持终端、无线对讲设备或便携式机车综合无线通信设备应急台。

（3）如列车停车站未设通信维护人员，司机向车站申请，由车站提供给司机 GSM－R 手持终端或无线对讲设备，列车可继续运行至设有通信维护人员的车站停车处理。通信部门一时无法修复的，应提供 GSM－R 手持终端、无线对讲设备或便携式机车综合无线通信设备应急台。

（4）列车到达设有通信维护人员的车站后，司机将 GSM－R 手持终端交给通信人员，由通信人员负责交还原车站。

（5）遇 CIR 设备调度命令接收异常，机车乘务员无法确认、回执调度命令时，司机应向列车调度员报告，请求列车调度员口头发布调度命令，机车乘务员必须认真做好记录并复诵。

（6）接收调度命令信息过程中，如遇 CIR 装置无纸、卡纸现象，无法进行打印但装置界面能显示命令内容时，应及时恢复双人执乘，由随乘司机将命令内容摘抄于《司机手册》运行注意事项栏内，按命令要求行车，如遇临时限速命令时，将慢行公里标及限速值填记在《司机手册》中，两人做好互控，按限速要求运行。

（五）列车无线调度通信设备故障

（1）列车无线调度通信设备故障时，司机应在前方站停车，报告，按照列车调度员的指示办理。

（2）动车组以外的旅客列车，旅客列车以外的其他列车发车时，执行《行车组织规则》第 89 条的规定。

（3）一切电话中断时，禁止发出列车无线调度通信设备故障的列车。

六、运行中线路故障

（1）运行途中发现停车信号（响墩、火炬、信号旗、信号灯及徒手显示的停车信号等）时，司机必须立即停车，问明情况后，立即向车站值班员（列车调度员）报告。

（2）列车遇线路塌方、道床冲空等危及行车安全的异常情况时，司机应立即采取紧急停车措施，并通知追踪列车、邻线列车及邻近车站值班员（列车调度员），配备列车防护报警装置的列车应首先使用列车防护报警装置进行防护。

（3）列车遇线路晃车时，必须严格执行《行车组织规则》第 98 条规定，立即降低列车运行速度通过晃车地段（点），必要时，应采取停车措施，使用列车无线调度通信设备（机车综合无线通信设备）向就近车站值班员（列车调度员）报告，汇报时应准确汇报晃车地段（点），并记录于《司机手册》。在自动闭塞区段内运行时，追踪列车司机接到前行列车有关线路晃车的呼叫通知后，在接近该地段（点）时，应一度停车，经检查确认能保证列车运行安全时，方准继续运行。

七、运行中发生弓网故障

（1）发现弓网异常（机车网压失压、接触网摆动幅度较大、定位器、吊弦脱落、腕臂折断、支柱断裂、受电弓刮坏、车顶有异物、声响或其他故障等）时，司机应迅速断开主断路器，降下受电弓，立即采取紧急停车措施（和谐型机车使用紧急停车按钮），并使用列车无线调度通信设备（机车综合无线通信设备）向就近车站值班员（列车调度员）汇报停车位置、时间，以及机车受电弓、接触网故障情况（各型机车失压现象各机务段根据实际使用情况进行明确）。

（2）停车后，司机目视检查弓网（车顶、受电弓）状态，并进行车顶绝缘检测，若车顶无异状，可对故障受电弓进行隔离；若车顶部件（受电弓、瓷瓶等）有变形超高、绝缘不良、部件脱落现象时，还须申请停电登顶、绑扎受电弓、清理脱落部件等作业。司机在未确认机车车顶绝缘是否良好、故障受电弓是否超限及车顶是否有短路接地等现象时，不得盲目换升受电弓。

（3）需要上车顶处理时，司机向车站值班员（列车调度员）提出申请停电登顶作业调度命令，并按《行车组织规则》第 156 条执行，申请停电—命令确认—验电接地—车顶处理—撤除接地—请求销令—试风开车的作业程序。

①申请停电。司机应使用列车无线调度通信设备报告车站值班员（列车调度员），申请接触网停电上车顶作业，说明列车车次、机车型号、司机姓名、停车地点及申请停电的原因。

②命令确认。司机接到准许登顶作业的调度命令后应与列车调度员（车站值班员）核对无误，并将命令号、受令处所、停电具体开始时分、调度员姓名等主要内容记录在司机手册内。

③验电接地。司机登顶作业前必须先升弓验电，确认接触网无电后，在接触网来电方向端挂接地线防护，程序为：对安装接地靴（螺栓）处所钢轨除锈—卡装接地靴（螺栓）—连接接地线（将接地线两头分别于接地靴和接地杆挂钩可靠连接）—挂接地线（将接地杆挂钩可靠挂在本线路接触网导线上）。

④车顶处理。乘务员登上车顶处理故障时，必须系好安全带并站稳，防止坠落，并携带铁丝等绑扎用品及必需的工具。受电弓变形、脱落时，需将故障受电弓绑扎牢固，确认不超高（故障受电弓绑扎后最高点距机车车顶距离必须小于 800 mm）。

受电弓受损有接地情况时，需拆除故障受电弓与导电杆之间的软编织连线，装有高压隔离开关的机车（HXD_3、HXD_{1C}、HXD_1、HXD_2、HXD_{3D}、HXD_{1D}、SS_{7C}、SS_{7E}、SS_{3B}型）需将高压隔离开关置故障位，隔离故障受电弓；未装高压隔离开关的机车（SS_3、SS_4 型）需关闭相应故障受电弓升弓塞门，相应受电弓故障开关至故障位。下车前需将车顶脱落、遗留的零部件、工具收回。

相关部门应根据使用的不同机型细化车顶绑扎、隔离处置作业流程，纳入操纵提示卡和非正常应急故障处置办法。

⑤撤除接地。司机在车顶处理完毕后，撤除接地线时，首先取下接地杆侧放于地面，再取下钢轨接地靴（螺栓）[禁止在撤除接地杆前，先撤除钢轨接地靴（螺栓）]。

⑥请求销令。司机登顶作业完毕后，应使用列车无线调度通信设备通知车站值班员(列车调度员)，请求销除登顶作业的命令，并汇报所销命令号、请求销除时间、请求销令人姓名。

⑦试风开车。接触网恢复供电后，按规定进行列车制动机简略试验，确认列车制动主管贯通及列车完整，保持列车制动，撤除防溜，具备开车条件，按规定继续运行。

八、停止基本闭塞法改用电话闭塞法行车

（1）司机接到改用电话闭塞法行车的调度命令后，要认真核对命令内容，同时要确认行车凭证（路票）准确无误，正确操作监控装置。

（2）遇双机重联时，本务司机应及时通知重联司机。当挂有由区间返回的后部补机时，补机司机须持有路票副页。

（3）开车前，司机应按规定输入监控装置调度命令号和路票电话记录号，正确解锁出站，自闭区段区间通过信号机显示无效，运行至下一站进站前按规定进行车机联控，按进站信号机显示要求控制列车速度进站。

（4）双线反方向行车使用路票时，司机应检查、确认路票上加盖的“反方向行车”章。

九、一切电话中断时的行车

（1）车站一切电话中断时，单线行车按书面联络法，双线行车按时间间隔法。列车进入区间的行车凭证均为红色许可证。

（2）在自动闭塞区间，如闭塞设备作用良好时，列车运行仍按自动闭塞行车，但车站与列车司机应以列车无线调度通信设备（机车综合无线通信设备）直接联系（说明车次及注意事项)。如列车无线通信设备故障时，列车必须在车站停车联系。

（3）运行中司机要加强瞭望，严守速度，发现异常，果断采取停车措施。

十、地面信号突变

（1）运行中遇地面信号突变、灯光熄灭、显示异常等，司机必须立即停车，停车后，司机及时向车站值班员（列车调度员）汇报（自闭区间还须呼叫追踪列车司机，注意运行)。接到列车调度员准许开车的通知后，方可继续运行。

（2）自动闭塞区间通过信号机显示停车信号（包括显示不明、灯光熄灭或信号突变）

时，司机必须立即停车，将列车车次、停车位置、信号机编号报告车站值班员（列车调度员），按列车调度员的指示办理。未接到车站值班员（列车调度员）的通知不准启动列车。

十一、运行中列车起非常

（1）列车运行中遇到列车管指针急骤下降或指针摆动异常及发生紧急制动时，司机应立即停止向列车管充风，解除牵引力，就地停车。

（2）停车后按规定采取防溜措施后，司机应立即向车站值班员（列车调度员）汇报，并呼叫追踪列车。

（3）司机应根据列车停车后线路纵断面情况，在保证列车缓解后不发生溜逸的前提下，缓解列车，并根据尾部风压上升情况判断列车是否发生分离，

缓解正常时即可按规定开车，动车后继续查询列车尾部风压。

缓解后充风不正常（空气压缩机长时间工作不止、管压抖动、列尾反馈风压不同步等），应立即停车，司机应指派副司机（随乘司机）携带 GSM－R 手持终端或无线通信设备、防护用品等必要的工具，沿非邻线侧向后部检查处理，在双线区段，应先按可能妨碍邻线办理，按《铁路技术管理规程》第 367 条规定进行防护后再检查。检查后，应及时向车站汇报本列是否妨碍邻线。

（4）旅客列车起非常后的判断处理。

①停车后，司机应呼叫车辆乘务员，指派随乘司机（副司机）由列车前部向后，车辆乘务员由尾部向前，共同检查确认列车状态。

②列车妨碍邻线时，机车乘务员应立即报告车站（列车调度员），并使用机车 LBJ 进行防护，机车乘务员负责在列车头部、车辆乘务员负责在列车尾部按规定进行防护。

③确认车钩分离时，车辆乘务员检查确认车钩可以连挂并具备连挂条件，机车乘务员负责连挂；需更换车钩时，司机指派随乘司机（副司机）协助车辆乘务员更换车钩；不具备连挂条件或车钩无法更换时，报告车站，请求从尾部救援。

④制动软管裂损时，司机指派随乘司机（副司机）协助车辆乘务员更换制动软管。

⑤检查确认列车状态良好，司机关闭机次车辆前端制动主管折角塞门，与车辆乘务员共同试验机车制动机。若为机车原因，处理后开车，无法处理时，向车站汇报，请求救援。若为车辆原因，司机指派随乘司机（副司机）配合车辆乘务员分段关闭车辆折角塞门，共同确定故障车辆，关门处理。关门处理符合限速条件时，机车、车辆乘务员做好互控提示，车辆乘务员递交《旅客列车制动关门限速证明书》，司机按规定限速运行。

（5）货物列车起非常后的判断处理。

①司机应首先关闭机次车辆前端制动主管折角塞门，缓解机车进行机车制动机试验，判断列车起非常是否由机车原因引起。若是因机车原因引起时检查处理后维持运行，无法处理时，立即请求救援。

②判断非机车原因起非常时，随乘司机（副司机）携带 GSM－R 手持终端或无线通信

设备沿非邻线一侧向车列后部检查，如确认列车未分离时，检查是否由列尾装置主机故障（丢失）自动排风引起，判明时可关闭列车最后一辆车辆尾部的折角塞门并吊起制动软管，进行制动机试验后开车，运行至前方站停车，按列车调度员的指示办理。若非列尾装置原因引起时应立即采用排除法进行判断，从列车中部关闭折角塞门，缓解正常，判断为车列的后半部车辆漏风，仍不能缓解时，判断为车辆的前半部车辆漏风，再逐步采取每 10 辆车关闭折角塞门的方法快速进行判断。

③若因车辆制动支管漏风，关门处理（若为最后一辆，不得关门处理，应请求救援），须排完故障车辆副风缸余风，确认列车完整及制动主管畅通后开车，同时向车站值班员（列车调度员）汇报处理情况，维持运行到前方站停车，听从列车调度员指挥。因车辆制动主管漏风不能关闭截断塞门时，应立即请求救援。

（6）如确认列车分离，应按以下程序处理。

①严格执行《铁路技术管理规程》第 369 条、《行车组织规则》第 68 条规定，立即对分离的车辆全部拧紧人力制动机（电气化区段必须使用人力制动机紧固器使分离车辆制动），防止分离车辆溜逸。在遗留车辆无人看守及对遗留车辆未采取防护、防溜措施时，不得分部运行。

②检查车辆车钩状态能否连挂及分离车辆所处线路坡度，根据线路坡度情况执行《防止机车车辆溜逸实施细则》的规定进行连挂，车钩损坏或列车处于长大上坡道时，不得连挂，立即请求尾部救援。

③如遇钩舌破损能够更换时，应及时就近更换机车或最后一辆车的钩舌，更换完毕后进行连挂，连挂试拉后方可接管。如车钩破损不能更换处理时立即请求尾部救援。

④制动软管破损时，应更换机车前端制动软管，连结后开放折角塞门。如制动主管断裂或车辆牵引装置破损无法更换时，立即请求尾部救援。

十二、运行中车辆故障

（1）列车在运行中，司机发现或接到轮轴故障、车体下沉（倾斜）、车辆剧烈振动、轴温报警激热等危及行车安全的情况时，立即采取常用制动停车措施。

（2）列车停车后，在区间由车辆乘务员负责检查确认，无车辆乘务员时由列车司机负责检查确认，在站内还应会同车站接发车人员共同检查确认列车能否继续安全运行，并向列车调度员汇报检查结果，并按其指示办理，严禁盲目运行。

（3）旅客列车需限速运行时，车辆乘务员应使用列车无线调度通信设备将要求列车限速运行的情况报告司机。司机接到报告后，应立即采取减速运行的措施运行至前方站停车。

（4）车辆抱闸的处置。

①旅客列车车辆抱闸停车后，司机立即向列车调度员、车站值班员报告，还要将停车原因及相关情况通知车辆乘务员。在区间由车辆乘务员负责检查确认，无车辆乘务员时由机车

司机负责检查确认。

②货物列车车辆抱闸区间停车后，由机车司机（单班司机值乘的由就近车站作业人员）对抱闸车辆制动机状态按照“货车车辆制动抱闸的判断”要求进行检查确认，确属车辆制动故障时，按照要求关闭车辆截断塞门，拉动缓解阀拉风线排尽余风，确认缓解，按限速60 km/h运行至前方站；对检查确认车轮抱死、滑行等造成车轮故障不能继续运行的故障时，立即报告列车调度员，按照列车调度员的指示办理。

（5）车辆热轴的处置。

①列车运行中司机接到列车调度员（车站值班员）车辆轴承强热的通知后，在前方站采用常用制动停车，按照列车调度员的指示运行；司机接到列车调度员（车站值班员）车辆轴承激热的通知后，立即采用常用制动停车，并执行《行车组织规则》第138条的规定。

②激热区间拦停处置判断标准：当轴承外圈存在新圆周磨痕、外圈破损、变形、变色（变蓝或变红）、冒烟、密封罩脱出时，机车司机要及时报告车站值班员并转报列车调度员安排列检人员进行现场处理。当轴承没有上述故障时，机车司机要及时报告车站值班员并转报列车调度员，根据调度命令限速25 km/h就近运行到前方站或按不超过15 km/h退回本站，当停靠站为列检所在地的，由列检人员进行检查，当停靠站为非列检所在地的，进行甩车处理。

十三、恶劣天气下信号显示距离不足

（1）运行中遇恶劣天气，信号机显示距离不足200 m时，司机必须严格执行《铁路技术管理规程》第338条的规定，立即报告列车调度员，根据列车调度员发布的调度命令，改按天气恶劣难以辨认信号的办法行车，双班单司机值乘恢复双司机值乘，并适当降低速度运行（动车组不得超过120 km/h，客、货列车不得超过60 km/h）。

（2）进出站注意车位调整，确保监控装置车位准确。站内停车时要随时注意机车距出站信号机的距离，列车接近信号机前及早控制列车速度，严禁臆测行车，

（3）自动闭塞区段通过信号机显示黄灯时，要严格控制速度，并注意瞭望，同时要充分利用列车无线调度通信设备（机车综合无线通信设备）加强与两端站和前方列车之间的联系。

十四、运行中遇暴雨天气

（1）列车运行中，对预报有暴雨的区段或途中遇暴雨天气，单司机值乘的客货列车必须恢复双司机值乘，运行中发现水漫道床、水漫路基、道床冲空、山体滑坡、线路塌方、落石、泥石流、倒树侵限等异常情况时，应立即采取紧急制动停车措施，并立即向就近车站或列车调度员报告，自闭区段还须呼叫跟踪列车。

（2）汛期行车Ⅰ级防洪地点列车司机要与汛期看守人员执行联控制度，连续联控3次无应答或联控不畅时，要立即采取停车措施（掌握好停车地点，便于起车和通过电分相），

并立即报告列车调度员（两端车站）。

（3）汛期行车Ⅰ级防洪地点遇大雨及以上不良天气（以列车调度员或车站值班员通知为准）时，司机必须严格控制列车运行速度，客货列车按不大于60 km/h限速运行。

十五、列车发生火灾

（一）车辆发生火灾

（1）司机发现或接到车辆发生火灾的通知时，必须立即停车，但应尽量避免停在特大桥梁上、长大隧道内。在电气化区段，还应立即通知车站值班员（列车调度员）要求供电部门停电。自闭区间还应通知后续列车，并按规定进行防护，双线区间妨碍邻线时，还应对邻线进行防护。

（2）停车后，机车乘务员应积极了解现场情况，及时向车站汇报（有车辆乘务员时由车辆乘务员汇报），应报告列车火灾发生的时间、地点、车次、机车型号，牵引辆数、吨数、换长，司机姓名；起火（爆炸）部位、起火物、人员伤亡及设备损坏情况。

（3）在区间需要分隔甩车时，有车辆乘务员值乘的列车，司机听从车辆乘务员指挥，无车辆乘务员时，司机应根据风向及货物性质等情况，按以下原则分隔甩车：一般为先甩下列车后部未着火的车辆，再甩下着火车辆，然后将机次未着火车辆拉至安全地段。每次摘开车辆前，必须保证遗留车辆保持制动状态。分隔后，对遗留车辆分别做好防溜。

（二）机车发生火灾

（1）发现机车火灾时，司机应迅速断开主断路器，降下受电弓（内燃机车断开燃油泵、停机），立即停车，拉开蓄电池闸刀、切断外部电源，使用机车配备的灭火器进行灭火。若火灾威胁蓄电池组时，除立即断开蓄电池开关外，内燃机车应取下熔断器，并将蓄电池正负引出线拆除。

（2）运行中遇机车安防设备温升、烟雾报警，闻到异味、发现烟火异状或接到要求停车的通知时，立即停车、确认并汇报列车调度员，严禁盲目运行。

（3）运行途中发生机车接地保护动作，立即查看6A系统显示屏或机械间巡视检查，维持运行时，双班单司机恢复双人值乘，并密切关注仪表显示，加强机械间巡视检查。

（4）运行中机车乘务员密切关注变压器油温，发现油温值接近报警值时，立即在前方站停车处理，并报告列车调度员；发生油温报警保护动作时，应立即停车，请求救援。

（5）灭火后，乘务员应仔细检查机车设备损坏程度，如确认能够继续运行时，应将损坏的处所处理好后方可维持运行。如无法处理时，应及时请求救援。

十六、列车制动力弱、折角塞门关闭等异常情况

（1）司机运行中发现制动异常时，司机立即采取紧急停车措施，使用列车无线调度通

信设备（机车综合无线通信设备）将情况及时汇报前方车站值班员（列车调度员）。

（2）装有列尾装置的列车应立即按压列尾装置的红色排风键，并配合使用空气制动或动力制动使列车就地停车。

（3）有车辆乘务员值乘的列车，通知车辆乘务员使用紧急制动阀，并配合使用空气制动或动力制动使列车就地停车。

（4）单机应立即使用电制动使列车降速，并迅速拧紧手制动机使机车停车；装有储能（停放）制动器的机车，还应立即使用储能（停放）制动器制动。直流机车遇紧急情况可采取逆电措施。

（5）停车后，司机要使用列车无线调度通信设备（机车综合无线通信设备）通知两端车站（或列车调度员）。并派副司机携带手持电台到后部依次检查，发现关闭的折角塞门时，应对关闭折角塞门的车位、车号逐个进行登记，并将情况报告车站值班员（列车调度员）。

（6）列车在站停车遇制动试验异常时，使用列车无线调度通信设备通知车站（列车调度员），与车站人员（无人车站为车站应急值守人员）共同检查、确认异常情况，折角塞门关闭时记录车辆型号并共同处理后，试验列车制动缓解正常，具备发车条件后，方可开车。

十七、运行中撞异物危及行车安全

（1）运行中撞异物（包括撞轧骆驼、牛、马、羊群等大牲畜）时，司机应立即停车，向车站值班员（列车调度员）汇报，旅客列车还应通知车辆乘务员对车辆走行部进行检查。如妨碍邻线应立即按《铁路技术管理规程》第367条、第368条的规定对邻线进行防护。

（2）停车后，司机负责检查机车走行部、排障器、扫石器、撒砂装置、电机悬挂装置、齿轮箱、各风管等部件状态，如有异常应立即请求救援，不得盲目开车。

（3）若机车前端的列车管、供风管漏风时，可关闭其故障塞门维持运行（在中间站、继乘站交班时应与接班司机讲明，有条件时，机车入库处理）。

十八、发生道口相撞事故

（1）司机发现前方道口上有异常或收到道口故障报警及听到紧急呼叫，应立即采取停车措施。停车后报告两端站车站值班员（列车调度员）。

（2）发生相撞事故后，机车乘务员要检查、确认机车走行部良好，得到车站准许后方可开车，机车车辆受损危及行车安全时，未得到专业技术人员的处置及鉴定，严禁动车。

（3）双线区段妨碍邻线时，执行《铁路技术管理规程》第367条、第368条的规定。

（4）发生人员伤亡、火灾时，立即拨打“110”报警电话、“120”急救电话及“119”火警电话。

十九、旅客列车双管供风改单管供风

按照《关于明确旅客列车双管改单管供风有关事项的通知》的规定办理。

(1) 旅客列车双管供风改单管供风是指因故机车总风管不能向车辆空气弹簧、真空集便器、气动塞拉门等装置供风时，通过调整车辆相关塞门（由车辆乘务员处置），改由列车制动主管同时向车辆制动系统和空气弹簧等装置供风。

(2) 双管供风旅客列车运行途中发生双管供风设备故障或改单管供风机车接续牵引时，铁路局列车调度员接到报告后，应立即通知机车、车辆调度员，列车调度员在发布的调度命令中注明双管改单管供风。

(3) 司机接到调度命令后，要准确核对，掌握列车运行速度（最高不超过120 km/h），维持运行至调度命令规定的停车站停车进行“双改单”作业，同时要保证总风压力不低于700 kPa。双管供风改单管供风后无运行限速要求，按照本列规定速度继续运行。

(4) 跨铁路局运行时，旅客列车改为单管供风后，机车乘务员在交接班时要向车站值班员汇报情况，并要求转报列车调度员，由所属区段列车调度员逐级上报，以国铁集团调度命令（机车、车辆调度）通知沿途有关铁路局转发至换挂机车所属机务段和换挂站。

(5) 全列采用双管供风的旅客列车途中因故改为单管供风后，不再恢复双管供风，直至终到站。

(6) “双改单”的旅客列车及编挂有设置集便装置客车的单管供风旅客列车，运行中因列车管压力下降被迫停车时，司机要及时与车辆乘务员联系，车辆乘务员通知列车长，查明列车管压力下降原因，确认因使用集便装置客车厕所而导致的要及时处置完毕，通知司机缓解后尽快开车。

(7) 货运机车临时担当旅客列车牵引任务时，本列客车司机一人到本务机车上帮乘指导，有条件的情况下需安排胜任运用干部添乘。

二十、双管供风旅客列车漏风

执行《关于规范双管供风旅客列车总风系统漏风应急处置办法的通知》的有关条款。

(1) 机车乘务员运行途中，发现制动主管压力显示正常、列车总风管压力出现波动、机车总风缸压力低于750 kPa时，应迅速检查机车空气压缩机状态。

①当确认机车空气压缩机作用不良，应立即停车处理，并报告列车调度员（或车站值班员），当无法处理时，立即请求救援，更换机车。

②确认机车空气压缩机作用良好，且长时间工作不止，司机对机车总风管路检查无异常，立即通知车辆乘务员对车辆进行检查。

(2) 接到车辆乘务员故障已排除的通知后，确认机车总风缸压力能保持在750～900 kPa，且空气压缩机工作正常时，列车继续运行。

①接到车辆乘务员采取锁闭全列三分之一厕所措施的通知后，确认机车总风缸压力能保持在750～900 kPa，且空气压缩机工作正常时，通知车辆乘务员逐一打开锁闭的厕所，打开过程中，若出现机车总风缸压力下降且不能保持在750～900 kPa时，通知车辆乘务员重新

关闭厕所，维持列车运行。

②锁闭全列三分之一厕所后，若机车总风缸压力依然无法保持在750～900 kPa时，通知车辆乘务员继续处置，并报告列车调度员（或车站值班员）请求前方站停车处理。接到列车调度员（或车站值班员）的安排后，及时转告车辆乘务员。

（3）车站停车处理：车辆乘务员接到列车长关于全列厕所已经全部锁闭的通知后，下车关闭机次一位客车前端列车管、总风管折角塞门，观察列车管风表和列车总风管风表压力变化情况，当列车总风管每分钟泄漏量不大于20 kPa，通知司机车辆总风系统正常，反之，进行故障查找、处理，经检查、确认无故障的厕所，应通知列车长及时打开；机车乘务员在车辆乘务员关闭机次一位客车前端列车管、总风管折角塞门后，关闭机车列车管和列车总风管折角塞门，观察空气压缩机工作状态及列车管、总风缸压力值，发现空气压缩机工作状态异常或总风缸压力值达不到定值时，立即组织检查处置或按规定请求救援。对列车进行检查、处理时，车辆乘务员与机车乘务员应加强沟通，及时相互通报情况。

二十一、机车6A系统车载走行部检测装置信息报警

（1）运行中Ⅰ级报警（主机面板的“报警Ⅰ”和副机测点故障黄色指示灯亮，主机显示屏报警信息提示区有相应的提示，或在6A系统显示屏主界面有报警提示，同时有语音提示）时，乘务员应根据提示信息密切关注报警级别的发展趋势，加强机车走行部瞭望，立即向车站值班员（列车调度员）汇报，请求在前方站停车对相应的报警轴位检查确认，同时要将检查情况及报警信息向机务段应急值守台汇报，检查确认无异声、异状后，方可继续运行。

（2）Ⅱ级报警（主机面板的“报警Ⅱ”和副机测点故障红色指示灯亮，主机显示屏报警信息提示区有相应的提示；或在6A系统显示屏主界面有报警提示，同时有语音提示）时，乘务员应根据提示信息密切关注报警级别发展情况，立即向车站值班员（列车调度员）汇报，请求在前方站停车对相应的报警轴位检查、确认，加强机车走行部瞭望，并将检查情况及故障信息立即向应急值守台汇报，按照应急值守台指导方案进行处理；如有持续的报警产生，并发现烟雾、异状、异味等情况时，应立即停车，并将情况立即向车站值班员（列车调度员）汇报，向段应急值守台咨询处置方案。

（3）轴承超温报警时，乘务员要确认报警位置。如果测点温度是持续变化上升，而不是突变、忽高忽低或固定在某一高温值长时间不变化时，要加强机车走行部瞭望；若机车走行部瞭望无异状时，控制速度在60 km/h以下维持运行至前方站侧线停车，请求救援，并密切关注报警温度变化趋势，若走行部瞭望发现异状应立即停车检查，停车后若发现轴承固死，立即请求救援，机车不得再行移动。

（4）运行中发生轴承温度报警时，严禁切除报警轴承电机盲目运行。

实训设备

电力机车（仿真设备）、内燃机车（仿真设备）、IC卡、司机手册、检查锤、手电筒、少量棉丝等。

实训操作安全注意事项

1. 机车检查过程中，注意人身安全。
2. 遇到特殊情况及时与实训指导教师沟通。

实训步骤

第一步　按职分工、对口交接

查阅“机车交接班记录簿”，了解机车运用、检修情况，领取、检查、交接工具及备品（或确认施封良好），交接耗电量并做好记录。确认列车供电系统检查和试验记录，机车关键部件整备合格证等符合规定。调车机乘务员应确认防撞土挡装置作用良好。

第二步　检查防护用品

学习司机确认灭火器、防护用品（响墩、火炬、短路铜线）齐全、不超期、不失效，信号旗、铁鞋、复轨器及配件齐全良好。

第三步　发布故障信息

教师使用仿真设备发布模拟驾驶任务，并在学生模拟操作过程中发布故障信息。

第四步　模拟司机采取措施

按照非正常行车处置办法，影响行车安全时，立即采取停车措施，检查判断，必要时要进行防护，根据故障原因采取相应的处置。

第五步　考核评价

按照非正常行车办法采取措施，处理故障，消除行车安全，正确操作保证列车运行时分。

学习笔记

考核标准

任务单

任务编号	8-1	任务名称	非正常行车	
序号	故障内容		是	否
模拟行车前准备工作				
1	叙述故障处置方法			
2	防护用品的检查			
3	车载设备的检测			
4	插卡输入司机号、交路号、运行揭示等基本信息			
排除故障方法及流程				

考核评价表

<table>
<tr><td>任务编号</td><td>8－1</td><td colspan="3">任务名称</td><td colspan="3">非正常行车</td></tr>
<tr><td>班级</td><td></td><td>任务小组</td><td></td><td>任务执行人</td><td></td><td>学号</td><td></td></tr>
<tr><td>序号</td><td colspan="4">评价内容</td><td>标准分值</td><td>自我评分</td><td>组内评分</td></tr>
<tr><td>1</td><td colspan="4">是否积极参与实训任务讨论，是否正确领会任务要求</td><td>5</td><td></td><td></td></tr>
<tr><td>2</td><td colspan="4">是否积极参与实训预备知识的学习和讨论，是否完全掌握学习内容</td><td>5</td><td></td><td></td></tr>
<tr><td>3</td><td colspan="4">是否积极参与实训计划制订，是否提出建设性意见</td><td>5</td><td></td><td></td></tr>
<tr><td>4</td><td colspan="4">是否制订了可行的实训任务方案</td><td>5</td><td></td><td></td></tr>
<tr><td>5</td><td colspan="4">是否认真履行个人角色，是否积极参与实训任务演练</td><td>5</td><td></td><td></td></tr>
<tr><td>6</td><td colspan="4">是否有效使用实训任务单保证任务顺利进行</td><td>5</td><td></td><td></td></tr>
<tr><td rowspan="2">序号</td><td colspan="4" rowspan="2">评价内容
（任务展示）评价阶段</td><td>标准分值</td><td>组间评分</td><td>教师评分</td></tr>
<tr><td>70</td><td></td><td></td></tr>
<tr><td>1</td><td>故障处理程序</td><td colspan="3">程序错误；操作错误、顺序颠倒、内容漏项等一次扣5分</td><td>40</td><td></td><td></td></tr>
<tr><td>2</td><td>处理方法</td><td colspan="3">每次处理错误扣5分，直到扣完为止</td><td>30</td><td></td><td></td></tr>
<tr><td>3</td><td>作业时间</td><td colspan="3">标准时间15 min。标准时间以内不扣分；每超过标准时间1 min扣1分；超标准时间5 min以上，每超1 min扣2分；超标准时间10 min以上，判为任务操作失败</td><td>无基础分值</td><td></td><td></td></tr>
<tr><td>4</td><td>作业安全</td><td colspan="3">出现危险操作，判为任务操作失败</td><td>无基础分值</td><td></td><td></td></tr>
<tr><td colspan="5">总评分值</td><td colspan="3"></td></tr>
</table>

参考文献

[1] 中国铁路总公司．铁路技术管理规程：普速铁路部分. 北京：中国铁道出版社，2014.

重点知识与技能索引

发车作业

途中运行作业

终到、入库及退勤作业

一次乘务作业

非正常行车